헐버트 선교사의
한국학 편지
1863~1949

내한선교사편지번역총서 **17**

헐버트 선교사의
한국학 편지
1863~1949

호머 헐버트 지음
이병화·허경진 옮김

역자 서문

저는 건국대 야간대학을 다니면서 1977년 신복룡 선생님의 정치사 강의에서 헐버트에 관한 이야기를 들었고, 신복룡 선생님이 1972년에 번역하신 헐버트의 『대한제국 멸망사』를 알게 되었습니다.

제가 1973년 대만 개최 국제주산대회에 김동진 회장님과 함께 참가한 적이 있었는데, 김동진 회장님은 고등학생 시절부터 헐버트에 대한 관심을 갖고 1999년 헐버트박사 기념사업회를 발족하여 헐버트 박사를 국내외에 널리 알리는 데 큰 공헌을 하고 계십니다.

이러한 인연들이 닿았는지, 헐버트 박사의 편지들을 번역하면서 교과서에서는 볼 수 없는 조선 말기의 정치·문화·사회의 모습들을 접할 수 있는 기쁨을 누렸습니다.

헐버트 박사의 1893년 편지에는 "조선 상인들은 세금을 내는데 왜 서울에 있는 중국이나 일본 등 외국 상인들은 세금을 내지 않는가?"라는 내용이 있습니다. 이미 열강들이 불평등 조약에 의해 조선을 침식하고 있는 모습이 보여서 안타까웠습니다.

헐버트 박사는 특히 조선 역사에 특별한 관심을 갖고 『동국통감』 원전을 공부하면서 조선 역사를 집대성하였습니다. 저는 그 모습을 보고, 대한민국은 헐버트 박사에 큰 빚을 졌다는 생각을 갖게 되었습니다.

1894년 편지에서는 갑신정변의 주역 김옥균이 상하이에서 암살당한 이야기를 생생히 기술하며 당시 조선의 재정난을 걱정하기도 했습니다.

그는 임진왜란에 대해서도 상세히 언급했습니다. 임란의 주역 도요토미 히데요시가 중국인에 의해 독살되었다는 소문도 소개했는데, 제게는 참 생소하게 들렸습니다. 그리고 1600년부터 1868년까지 약 300명의 일본인들이 부산 왜관에 살았다는 것에 큰 흥미와 의구심을 갖고 관찰하는 모습이 눈에 띄었습니다.

그는 편지에서 조선말기의 교육기관인 육영공원 및 배재학당 등을 맡은 선교사들을 소개하기도 하고, 특히 언더우드 선교사를 변함없이 친한 친구이며 엄청난 일꾼이라고 하면서, 선교사업에 관한 다른 모든 사람들을 다 합친 것보다 언더우드 한 사람을 더 평가한다는 말도 했습니다. 언더우드, 아펜젤러, 스크랜턴, 에비슨 등 유명한 선교사들이 생생하게 편지에 언급되는 것이 신기했습니다.

헐버트 박사는 조선성서공회가 성경을 번역 출간하는 과정도 소개함으로써, 조선 내 복음 전파에 공헌하는 모습도 그리고 있습니다. 서재필 박사와 함께 「독립신문」에 사설을 쓰며 운영하는 모습에서 조선 독립을 위한 그의 노력을 읽을 수 있었습니다.

조선 학교들의 교과서들을 선교사들과 협력하여 만들어가는 작업을 보면서, 헐버트 박사가 조선 교육의 기틀을 잡았구나 하는 생각을 갖게 되었습니다. 그는 기초 지리, 고급 지리, 조선 역사 (800쪽), 식물학, 영어 입문서 등을 각 수천 권씩 발간하는 과정을 편지에 소개했습니다.

헐버트 박사는 "한글은 세계에서 가장 단순하고 완벽한 음성 알파벳입니다. 1주일이면 한글을 잘 읽을 수 있습니다"라고 편지에 소개했는데, 이러한 인식하에 그는 한글의 우수성을 미국 등 여러 나라에 알렸습니다. 헐버트 박사는 "세계지리 책을 한글로 썼는데 그 이유는 조선의 글을 더욱 보급하고 조선인들이 한문을 중시하는 터무니없는 편견에서 탈피하는 중요한 일을 돕고 싶었다"라고 말하였습니다. 더구나 『한국어와 인도 드라비다 언어의 비교문법』 책까지 1907년 발간하는 모습에서는 그가 조선어를 얼마나 깊이 연구했는가를 실감하였습니다.

1905년 7월 편지에서는 러·일 전쟁에서 일본이 승리한 것을 말하면서, 그 무렵 "일본인들에 의해 심각하게 해를 입는 조선인들에게 어느 정도 정의를 실현해 주기 위해 저는 밤낮으로 일하고 있다"라고 쓰기도 했습니다. 그러면서 1906년 편지에서는 "일본이 강제적으로 조선을 조선인들에게 다시 넘겨주게 될 때가 올 것을 자신 있게 고대합니다. 그리고 일본은 언젠가 프랑스가 나폴레옹 1세 때 당한 것과 같은 수모를 당할 것입니다"라고 말했습니다. 이는 1945년 일본의 패망과 조선의 독립을 예견한 셈입니다.

헐버트 박사는 1907년 헤이그(해아) 만국평화회의에 '제4의 밀사'로 파견되어 을사늑약의 부당성을 국제적으로 호소하기 위해 애썼습니다. 그로부터 79년 후 헤이그에서 저의 첫 아이가 태어나고 그의 이름을 '해아'라고 지었으니, 어쩌면 이것도 인연인지 모르겠습니다.

헐버트 박사의 편지와 번역이 조선 역사의 민낯의 일부를 후대에 알려주는 좋은 읽을거리가 되기를 소원합니다. 미숙한 부분을 꼼꼼하게 교열해 주신 이혜원 박사님께 감사드립니다. 한국을 그토록 사랑하는 헐버트 박사의 편지들을 번역할 수 있는 기회를 주신 허경진 교수님께 감사드립니다.

2025년 1월

이병화

차례

일러두기

1. 그리피스에게 쓴 편지는 'Rutgers University Libraries, Special Collections and University Archives'에 소장된 'William Elliot Griffis Collection, MC 1015'를 저본으로 번역하였다.

   알렌에게 쓴 편지는 U. S. National Archives and Records Administration 에 소장된 Records of the Foreign Service Posts of the United States, RG 84를 저본으로 번역하였다.

   다트머스대학에 보낸 편지는 Dartmouth College, Rauner Special Collections Library에 소장된 Papers, 1887~1993, (Hulbert, Homer B.) 를 저본으로 번역하였다.

2. 번역문, 원문 순서로 수록하였다.

3. 원문에서 식별하기 어려운 내용은 [illegible]로 표기하였다. 해당하는 번역문에는 [판독 불가]로 표기하였다.

4. 필요에 따라 원문병기 또는 한자병기 하였다.

5. 인물명칭은 『내한선교사사전』(한국기독교역사연구소, 2022)에 표기된 명칭을 따랐다.

6. ( )(소괄호)의 경우 원문 그대로이다.

   [ ](대괄호)는 역자가 첨가한 것이다.

7. 'Korea(Corea)'의 번역은 1897년 대한제국 선포를 기준으로 '조선'과 '한국'으로 번역하되, 기준과는 별도로 문맥상 '조선'으로 번역하는 것이 더 자연스러워 보이는 경우 '조선'으로 번역하였다.

해제

호머 헐버트 Homer B. Hulbert(1863~1949)의 선교 편지

김성언(장신대)

1. 헐버트의 삶과 한국 선교

헐버트는 캘빈 헐버트(Calvin B. Hulbert)와 메리 헐버트(Mary W. Hulbert) 사이에서 여섯 명(3남 3녀)의 자녀 중 넷째(차남)로 1863년 1월 26일 미국 버몬트주 뉴헤이븐에서 태어났다. 엄격한 청교도 가정에서 자라난 헐버트는 다트머스대학교, 뉴욕 유니온신학교를 졸업했다.

서양식 신식교육기관의 필요성을 인식한 고종은 재한 미국 공사 푸트(Lucius H. Foote)에게 미국인 교사 3인의 청빙을 요청한다. 이 통보를 받은 미국 실무 교육국장 이튼(John Eaton)은 헐버트의 부친과 대학동기인 관계로 당시 유니언신학교에 재학 중인 두 아들 중 한 명을 보낼 것을 권유했다. 아버지는 당시 졸업반인 형 헨리를 보내려 했지만 2학년에 재학 중인 동생 호머가 자원하였다. 미국 정부는 1885년 4월 헐버트와 함께 길모어(George W. Gilmore), 벙커

(Dalzell A. Bunker)를 선정하여 미국 공사 푸트에게 통보했다. 하지만 갑신정변 이후 정국이 혼란하여 이들의 입국은 연기되어 1886년 7월 4일 육영공원 교사로 내한하게 된다.

헐버트 일행은 육영공원의 운영과 교육내용을 정한 「육영공원 설학절목」을 완성하여 1886년 9월 17일 고종에게 제출한다. 육영공원 교사 1차 계약기간이 1888년 4월로 만료되었을 때 급료인상 요구가 받아들여지지 않자 길모어는 귀국하게 되고 헐버트와 벙커는 3년을 연장하여 1891년까지 가르친다. 육영공원에서는 영어·역사·과학·지리·수학 등 서구식 교과목을 가르쳤다. 육영공원의 학생들은 양반 자제들 가운데 선발하여 젊은 현직 관리가 되는 이들이 많았다. 학생들이 세계지리에 큰 관심을 보이자 헐버트는 세계의 지리와 문화를 소개한 한국 최초의 세계지리 교과서 『사민필지(士民必知)』를 1889년 펴낸다. 그러나 1891년 육영공원 운영비와 교사급료가 축소되는 등 조선 정부의 처우에 만족하지 못한 헐버트는 1894년까지 되어 있던 계약기간을 취소하고 1891년 12월 말 부인 메이(May Hanna Hulbert)와 함께 인도와 유럽을 거쳐 미국으로 돌아가게 된다.

헐버트는 1893년 9월 미국 북감리교 선교사 자격으로 다시 내한하게 된다. 서울로 돌아온 헐버트는 아펜젤러(Henry G. Appenzeller)가 설립했던 한국 최초의 근대식 중등사립학교인 '배재학당'에서 학생들을 가르치게 된다. 그리고 배재학당 내에 있던 한국 최초의 근대식 인쇄소인 삼문출판사의 책임자로 활동한다. 삼문출판사는 본래 올링거(F. Ohlinger) 목사가 맡고 있었으나 1893년 8월 한국 선교사직을 사임하면서 헐버트가 책임을 맡게 되었다. 헐버트가 책임을 맡은 지 얼마 되지 않아 출판사는 운영비용 일체를 자체적으로 해결할 정도로 일정한 궤도에 올라가게 된다. 1896년 4월 7일 창간된 「독립신문」 또한 삼문출판사에서 인쇄되었다.

헐버트는 특별히 문서선교 분야에서 중요한 역할을 수행했다. 1892년 12월에 휴간된 *The Korean Repository*는 1895년 1월 아펜젤러와 존스(George H. Johns)에 의해 복간되는데 이때 헐버트는 부편집인으로 참여한다. 이것은 한국 최초의 영문잡지로서 선교사들의 시각에서 한국의 정치·경제·사회·문화·종교·언어 등에 대한 자세한 기사가 실려 있다. 1898년 12월까지 통권 60호를 간행한 이 영문잡지는 당시 서구세계에 한국을 알리는 데 크게 기여하였다. 1901년부터는 본인이 직접 발간하고 책임을 맡았던 *The Koran Review*에 한국 관련 논문을 발표하여 한국 관련 연구활동을 하였다. 또한 구전으로만 내려오던 「아리랑」 민요곡을 처음으로 서양식 음계로 채보하여 서구 세계에 알리기도 하였다. 헐버트는 특별히 한국의 고대 역사에 관심이 많았는데 발표했던 연구논문들을 모아 1905년 『한국사 *The History of Korea*』, 1906년 『대한제국의 종말 *The Passing of Korea*』을 단행본으로 출판하였다.

한편, 1895년 10월 8일에 있었던 명성황후 시해사건 이후 언더우드, 에비슨(Oliver R. Avison)과 함께 고종의 불안한 신변을 보호하던 헐버트는 고종의 두터운 신임을 얻게 된다. 이를 계기로 헐버트는 한국의 정치문제에 깊이 관여하게 된다. 러일전쟁 이후 일본의 한국 침략이 노골화되었을 때 헐버트는 반일 입장을 분명히 한다. 영일동맹(1905년 8월)과 포츠머스조약(1905년 9월) 이후 한국이 일본에게 외교권까지 박탈당한 상태의 '보호국'으로 전락될 위기에 처하게 되자 고종은 「조미수호통상조약」 제1조에 근거하여 헐버트를 미국 정부에 밀사로 파견한다. 이미 미국이 일본 측과 가쓰라·태프트 밀약을 그해 7월 29일에 체결했다는 사실을 알지 못했던 헐버트는 고종의 친서를 들고 미국 백악관으로 직행했지만 루즈벨트 대통령은 면담조차 허락하지 않았다.

워싱턴 밀사 활동이 무위로 끝이 났지만 1906년 6월 8일 다시 내한한 헐버트의 특사 활동은 이듬해에 재개된다. 고종은 1907년 6월 제2차 만국평화회의에 특사를 파견해 일제에 의해 강제 체결된 을사조약의 불법성을 폭로하고 한국의 주권을 회복하기 위해 열강들에게 호소하려는 외교 전략을 수립한다. 이에 고종은 이상설, 이준, 이위종 3인의 특사를 헤이그로 파견했다. 한편 헐버트는 가족과 귀국한다는 명분으로 기차로 시베리아를 횡단하여 스위스를 거쳐 베를린에 도착한다. 도착 즉시 그는 미리 준비한 호소문을 각국 대표에게 배부하여 한국의 사정을 호소하였다. 이 호소문은 6월 30일 자 「만국평화회의보」지에 전문이 게재되었고 이어 각국 신문을 통해 어느 정도 여론이 확산되었다. 하지만 일본의 항의와 압력을 받은 대회 의장인 러시아 대표 넬리도프(M. Nelidov)와 형식상의 초청국인 네덜란드의 외부장관 후온데스는 각국 정부가 이미 을사조약을 승인한 이상 한국 정부의 자주적인 외교권을 인정할 수가 없다는 이유로 이들을 회의장에 들어가게 하는 것조차 허락하지 않았다. 이로써 헐버트의 헤이그 특사 막후 활동 또한 실패하고 만다.

1909년 8월에 4번째로 내한한 헐버트는 고종으로부터 상하이 독일은행에 예치해 둔 25만 달러 상당의 예금을 찾아달라는 부탁을 받는다. 하지만 마침 딸 메들린이 위중하다는 전보를 받고 서둘러 귀국해야만 했다. 귀국한 후에도 헐버트는 한국 문제에 늘 관심을 갖고 순회강연 등을 통해 한국의 입장을 호소하는 노력을 지속적으로 벌였다. 헐버트는 광복 후 1949년 7월 29일 이승만 대통령의 초청을 받아 국빈 자격으로 방한했다. 그러나 86세의 고령에 장시간의 여행으로 인한 건강악화로 내한한 지 1주일 만인 8월 5일 별세하였다. 장례는 8월 11일 사회장으로 거행되었고 유해는 "미국의 웨스트민스터 사원보다 한국에 묻히고 싶다"는 유언에 따라 양화진 외국인선교사 묘역에 안장되었다. 대한민국 정부는 헐버트가 항일운동에 적극 참여한 공로를 인정하여 1950년 3월 1일 외국인 최초로 그에게 건국공로훈장 태극장을 추서했다.

2. 럿거스대학교 소장 그리피스 컬렉션과 헐버트

헐버트가 보낸 편지들은 크게 2가지로 보존되어 있는데, 하나는 독립기념관 소장본[1]이고 다른 하나는 럿거스대학교 소장본이다. 그중에서 윌리엄 그리피스(William E. Griffis)에게 보낸 편지들은 럿거스대학교 아카이브가 소장하고 있는 「그리피스 컬렉션」의

---

[1] 독립기념관에 보관되어 있는 편지들은 헐버트가 주로 부모님이나 형제·자매들과 주고받은 대략 485통의 편지들이다.

일부이다.[2]

그리피스는 1843년 9월 17일 미국 펜실베이니아주 필라델피아에서 존 그리피스(John L. Griffis)와 안나 마리아(Anna Maria) 사이에서 일곱 명의 자녀 중 넷째로 태어났다. 1869년 럿거스대학교를 졸업한 그리피스는 이후 뉴브런즈윅신학교에서 수학한다. 이후 럿거스대학교 총장의 추천으로 1871년부터 1874년까지 일본 가이세이학교 등에서 이학·화학·생물학을 가르쳤다. 1874년 미국으로 돌아와 유니언신학교에서 신학을 전공한 동시에 동양에 대한 관심을 가지고 일본사, 한국사, 한국 문화에 대한 연구를 지속했다. 그리피스가 남긴 대표적인 저서로는 1882년 뉴욕에서 간행한 『은자의 나라 한국 Corea, The Hermit Nation』이 있다.

그리피스와 서신을 교환한 내한 선교사들 중에는 알렌(Horace N. Allen)과 함께 헐버트가 있다. 이들은 각각 1888년부터 1920년까지, 1892년부터 1917년까지 긴 시간 동안 그리피스와 서신을 교환했다. 이들 외에도 언더우드(Horace G. Underwood), 마펫(Samuel A. Moffett), 게일(James S. Gale)과 같은 선교사들도 그리피스와 주고받은 편지를 남겼다.[3] 선교사들은 한국에 파송되기 전부터 그리피스의 저서를 통해 이미 어느 정도 한국에 대하여 알고 있었고, 또한 한국에 있는 동안에는 한국의 소식을 그리피스에게 전하는 역할을

---

2 그리피스 컬렉션에 대한 전반적인 소개를 위해서 다음의 논문을 참조하였다. 이혜은, 「그리피스와 한국, 편지를 통해 본 윌리엄 그리피스의 사회관계망」, 『한국연구』 통권 9호, 2021, 141-172면.

3 한편, 한국인 중에 그리피스와 서신을 주고받은 인물 중에는 박은식, 서재필, 이승만 등이 있다.

했을 것이다.

그리피스 편지 컬렉션에서 주목할 만한 것 중 하나는 선교사이자 교육자, 그리고 언론인으로 활동했던 헐버트가 보낸 편지들이다. 헐버트는 그리피스에게 1892년부터 1917년까지 모두 27회 편지를 보냈다.

헐버트의 첫 번째 편지는 1892년 5월 10일 자로 그가 미국에 머물고 있을 때 보낸 것이다. 내용을 보면 그리피스는 헐버트가 한국 민속에 대하여 연구하고 있다는 사실을 알고 이에 대한 자신의 견해를 담은 편지를 한국으로 보낸 것으로 보인다. 하지만 헐버트는 이미 1891년 12월 육영공원 교사직을 사임하고 미국에 머물고 있었다. 그리피스가 한국으로 보낸 편지를 뒤늦게 미국에서 받게 된 헐버트는 이에 대한 답장을 보내면서 두 사람의 서신 교환이 이루어진다.

헐버트가 보낸 편지들을 보면 대체로 그리피스가 한국에 대한 정보, 자료, 혹은 사진을 요청한 것으로 보이고 헐버트가 그 요청에 대하여 회신한 것이 주를 이루고 있다. 이를 통해 우리는 그리피스는 헐버트가 각종 잡지나 신문에 한국에 대하여 기고한 글들을 읽고 이에 대한 관심의 표명과 자신의 생각을 전달했음을 유추할 수 있다. 하지만 때로는 헐버트가 그리피스에게 자료를 요청하기도 한다. 일례로 헐버트는 1892년 12월 13일 자와 19일 자 편지를 통해 그리피스에게 만약 「재팬 위클리 메일 *The Japan Weekly Mail*」을 구독하고 있다면 이 신문에 기고한 자신의 글을 타자기로 전사해서 보내줄 것을 요청하고 있다.

한국 역사에 대한 헐버트의 관심이 일찍이 1893년 헐버트가 두 번째로 한국에 입국했을 때부터 시작되었다는 사실이 1896년 11월 30일 자 편지에서 과거를 회상하는 가운데 드러난다. 헐버트는 자신의 저술이나 책 간행에 대한 계획을 구체적으로 알리고 있다. 그러면서 그리피스의 조언을 정중하게 구하기도 한다. 하지만 특별히 한국 역사와 문화에 관해서 헐버트는 자신이 그리피스보다 더 정확하게 알고 있다고 확신한다. 고대 역사에 대한 헐버트의 이러한 자신감은 역사 자료 자체에 대한 평가에서도 드러난다. 일본과 한국의 역사 사료의 가치에 대해 평가하고 있는 1901년 6월 22일 편지가 대표적이다. 헐버트는 이 편지에서 한국의 고대 기록이 일본의 고대 기록보다 훨씬 신뢰할 만하다고 주장한다. 한국의 고대 역사에서 초자연적인 기록들은 예외적인 것으로 일반적이라고 받아들여지지 않는 반면에 일본의 기록에서는 역사적인 기록이 정말 드물게 등장한다는 것이다.

헐버트는 일본이 한국을 '보호'하거나 '통치'할 자질이 부족하다고 주장한다. 그래서 일본의 한국 지배는 결코 영국이 인도나 이집트를 통치하는 방식과 비교되지 않는다고 말한다. 1905년 7월 3일 자 편지에서 말하고 있듯이 그 이유 중 하나는 지적인 면에서 일본인들이 평균적으로 한국인에게 뒤떨어진다는 것이다. 그리고 일본의 관리들은 정의를 실행할 정도로 도덕성을 갖추고 있지 않다는 것이다. 무엇보다도 많은 한국인들이 일본인들로부터 형편없는 대우를 받고 있다고 역설한다. 이러한 사실은 일본에서 온 선교사들마저도 헐버트의 설명을 듣고 공감한다는 것이다. 어떤 일본인이 위조 서류를 이용해 나이 많은 한국 여성의 토지를 강탈하려던 시도를 헐버트가 저지한 경우도 있었다.

이처럼 헐버트는 그리피스와 학문적인 교류를 하면서도 특별히 한국과 관련된 주제에 대해서는 자신의 주장을 분명히 한다. 그리고 최소한 한국의 역사와 문화에 대해서는 자신이 그리피스보다 더 잘 알고 있으며 전문가라는 점을 지속적으로 주장하고 있다. 그리피스가 잘못 이해하고 있는 부분에 대해서는 정중하게 지적한다. 이러한 헐버트의 인식론적 우위는 일본이 한국을 지배할 만한 자질을 결코 갖추고 있지 않다는 주장으로 이어진다. 이것은 커다란 인식의 변화이다. 사실 헐버트는 초기에 영국이 인도나 이집트를 통치하듯이 일본이 한국의 개혁을 이끌고 부정한 관리들의 부패를 척결하는 역할을 수행해줄 것을 기대했다. 하지만 1905년 7월 3일 자 편지에서 분명하게 드러나듯이 헐버트는 더 이상 일본이 한국을 보호하거나 이끌어갈 자질이 부족하다고 판단했다. 헐버트가 생각하는 한국의 '보호국'화는 결코 한국의 독립을 부정하는 '식민지'화가 아니었다. 하지만 일본의 야욕은 여기에서 멈추지 않았다. 그래서 헐버트는 고종의 특사로 일본을 국제사회에 고발하는 역할을 기꺼이 수행한다. 일본인들과 일본 정부는 이러한 헐버트를 혐오하기 시작했다. 하지만 그들의 혐오가 옳지 않았음을 헐버트의 편지들은 증언하고 있다.

번역문

그리피스에게 쓴 편지

1892년 5월 10일
411 7번가 뉴욕

그리피스 선생님,

저의 조선 민속에 관한 작업에 대한 선생님의 친근한 편지가 조선으로부터 전해져서, 지금 제 앞에 놓여있습니다. 저는 12월에 조선을 떠나서 인도와 유럽을 거쳐 귀국했습니다. 저는 뉴욕에 바로 그저께 도착했으며 그래서 답장이 늦어졌습니다.

저는 조선 정부와 연락을 끊었습니다. 왜냐하면 현재의 정권 아래에서 그들은 통역 양성을 위한 학교 이상의 것을 바라지 않는다는 것을 분명히 알았기 때문입니다. 그 학교와 1894년까지 계약이 되어 있었으나, 저의 요청에 의하여 저는 학교를 떠났습니다. 「[재팬 위클리] 메일」에서 제가 지적한 그 일에 관하여 저는 그것을 결국 책자 형태로 출간할 의도를 내내 가지고 있었는데, 선생님의 말씀은 저의 그러한 의지를 확고하게 해주었습니다.[1]

---

1 헐버트는 조선 주재 미국 공사의 요청으로 평양 근교의 석탄 광산의 실태를 파악하고 선교 정보도 얻기 위하여 1890년 여름에 아펜젤러, 마펫과 함께 평양 일대를 방문하였다. 이듬해인 1891년에 일본 영자신문 『재팬 위클리 메일 *The Japan Weekly*

「[재팬 위클리] 메일」은 그들이 가지고 있는 제 자료의 [연재를] 거의 끝내지 못했습니다만, 그들이 마치기만 하면 저는 원고를 다 취합하여 다시 면밀히 검토한 뒤 많은 부분을 삭제 및 수정하려고 합니다.

제가 계획했던 책자의 형식은 다음과 같습니다. 첫째, 서문은 전설과 민속이 역사자료에서 차지하는 중요한 위치를 강조하면서 이 작업의 목적을 설명합니다. 물론 이는 진정한 역사로서가 아니라 뒷받침하는 증거로서 활용됩니다. 그리고는 역사에 관한 서론이 있을 것이며, 여기에서는 조선의 고대부터의 역사를 간단히 요약합니다.

저는 이러한 작업을 할 준비가 되어 있는데, 이는 제가 가장 좋은 조선어로 된 역사서를 많이 살펴보았고 번역해왔기 때문입니다. 그중에는 특히 『은둔의 왕국 *the Hermit Kingdom*』²에서 선생님

Mail」에 6월 6일부터 10월 24일까지 10회에 걸쳐 평양 여행기를 연재하여 조선 내륙의 특성과 평양이라는 옛 도시를 역사, 문화, 지리 측면에서 국제사회에 최초로 소개하였다.

2 이 편지를 받는 그리피스가 1882년 미국과 영국에서 출판한 *Corea: The Hermit Nation*을 가리킨다. 1870년 일본에 초빙되어 화학·물리학을 강의하고 동경제국대학의 전신인 동경개성학교(東京開成學校) 화학과를 창설한 뒤, 1874년 미국으로 귀국해서 1876년에 *The Mikado's Empire*를 출간하여 큰 반향을 일으키자, 이어서 이 책을 집필하였다. 조선을 방문하는 대신 일본에서 얻을 수 있는 각종 자료와 증언을 토대로 이 책을 저술하였다. 조선을 방문한 적이 없는 그는 고대사는 『삼국지(三國志)』와 『일본서기(日本書記)』, 중세사는 일본 측 자료와 『동국통감(東國通鑑)』, 근대사는 달레(Claude Charles, Dallet)의 『한국천주교회사 *Histoire de L'Eglise de Coree*』와 「Japan Mail」, 조선을 방문한 외국인들의 증언 등을 자료로 활용하였다. 영어로 쓴 첫 번째 한국사였기에 1911년까지 9판이 발행되었으며, 일본어판인 『朝鮮開化の起源』(水交社, 1895)도 출간되었다. 그러나 부정확한 기술이 많기에, 한국에

이 작성한 조선에 관한 저서 목록에 언급된 『동국통감(東國通鑑)』[3]
도 있습니다. 물론 이 역사 서론은 전설과 이야기들의 배경이 되
므로 가치 있는 부분이 될 것입니다. 그렇지 않으면 그것들 대부
분은 이해할 수가 없을 것입니다.

그 다음에는 전설과 이야기들이 나옵니다. 그 다음에는 조선의
격언과 속담의 목록이 나오며 이는 한문으로 된 것과 비교하면
특별히 함축성이 있고 읽기 쉽다는 것을 알게 됩니다. 그것들은
현재 「[재팬 위클리] 메일」 편집자의 손에 있으며, 그 신문에 먼저
게재될 것입니다. 그것들에는 여러 군데에 해설이 따를 것이며,
이는 정확한 적용을 위해 종종 필요합니다.

서 오랫동안 교육하며 다양한 문헌자료를 수집 번역한 헐버트가 『대한제국 멸망사
The Passing of Korea』를 저술하여 한국에 대한 서양인의 인식을 바로잡았다.
3 대제학 서거정(徐居正) 등이 왕명으로 고대부터 고려 말까지의 역사를 기록하여
1485년에 한문으로 편찬 간행한 56권 28책의 역사서이다. 원래 서거정·노사신 등
이 단군조선부터 삼국의 멸망까지를 서술하여 1476년에 『삼국사절요(三國史節
要)』를 편찬 간행하였는데, 고대사를 보완하고 편년체로 서술하고 기존 사론에 편
찬자의 사론(史論)을 덧붙여 382편의 사론이 실린 『동국통감』을 편찬 간행한 것이
다. 단군조선에서 삼한까지를 외기(外紀), 삼국의 건국으로부터 신라 문무왕 9년
(669)까지를 삼국기, 669년에서 고려 태조 18년(935)까지를 신라기, 935년부터 고
려 말까지를 고려기로 편찬하였다.
서거정이 편찬을 마치고 왕에게 올리는 글에서 이 책을 편찬한 의도를 이렇게 설명
하였다. "범례는 모두 『자치통감(資治通鑑)』을 본뜨고, 대의는 실로 『춘추(春秋)』
를 본받았으며, 역대의 선후에 따라 날짜별로 차례를 정하였습니다. 시대를 논하고
사적을 상고하여 대략이나마 산삭(刪削)과 윤색(潤色)을 가하면서 나쁜 것은 폄하
하고 좋은 것은 기렸으나, 필삭(筆削)의 뜻에 부합하지 못할까 염려스럽습니다. 간
간이 외람된 논설을 나름대로 첨부하였으니, 지나간 과거의 옳고 그름을 밝혀 드러
낼 수 있기를 기대합니다. 위아래로 1400년의 역사이니, 전날의 실패를 훗날 경계할
수 있을 것입니다."

끝에는 한 챕터를 할애하여 조선의 신화 등의 특징을 분명히 해줄 수 있도록 요약을 싣고, 이렇게 모음으로써 조선의 신화와 다른 민족의 신화를 과학적으로 비교하는 작업에 사용될 수 있게 할 생각입니다.

아시다시피 저는 이 원고를 단순히 일반적으로 널리 읽히는 책 이상으로 만들고 싶습니다. 저는 그 책이 신화의 기원에 얽힌 매우 복합적인 문제와 조선인들의 민족적 유대성을 풀어나가는 데 중요한 디딤돌이 되기를 원합니다.

책은 8절판으로 250 내지 300쪽 정도가 될 것입니다. 저는 종종 이 책에 관하여 선생님과 소통할 생각도 해보았으나, 선생님의 착한 천성을 이용하는 것이 될까 봐 망설였습니다. 저는 제 계획에 관한 선생님의 고견을 듣고 싶으며, 선생님이 해주시는 어떠한 비판도 절대 겸손하게 받아들이겠습니다. 이 책이 성공적으로 만들어질 수 있도록 저는 수고를 아끼지 않겠습니다.

「메일」에 게재된 글은 전반적으로 문체가 매우 조악합니다. 그것들은 서둘러서 주워 모은 것이라, 완전히 재구성되어야 합니다. 문체는 종종 매우 불량하다는 것을 알고 있습니다. 이 부분은 수정될 것임을 믿으셔도 됩니다. 저는 그것들의 대부분을 다시 쓰기 위하여 즉시 작업을 하겠습니다.

선생님께서는 조선의 관습이나 습관 및 역사에 관하여 많은 각주를 다는 것을 권하시겠습니까, 아니면 부록으로 만드는 것을 권하시겠습니까? 개인적으로 저는 각주를 선호합니다. 선생님은 이 책에 그림을 넣는 것이 바람직하다고 생각하시는지요? 만약 그렇다면 제가 좀 준비를 하겠습니다. 저는 그림을 준비하는 미술가에게 무엇이 요구되는가에 대한 적절한 아이디어를 제공하기 위해 제가 충분히 스케치를 하였으며, 또한 활용될 수 있는 사진들도 좀 가지고 있습니다.

출판사와 관련하여, 저는 보스턴의 휴튼 피플린 & Co 출판사, 또는 뉴욕의 스크리브너 & Co 출판사에 요청할 생각을 한 적이 있습니다. 선생님께서 보여 주신 관심에 대하여 매우 진심으로 감사드리며, 선생님을 실망시키지 않을 것으로 믿습니다. 조만간 제가 보스턴에 가서 선생님을 기쁘게 뵐 가능성도 없지 않습니다. 선생님께서 친절하게 베풀어주시는 도움은 저에게 매우 큰 도움일 수밖에 없습니다.

제가 조선을 떠나기 직전 한글로 출간한 세계지리[4] 책을 하루나

---

4 헐버트가 1889년에 세계의 지리와 문화를 소개하는 내용으로 저술한 세계지리지인 『사민필지(士民必知)』를 가리킨다. 헐버트는 1886년 조선의 초청으로 육영공원(育英公院) 교사로 취임해 세계의 지리지식과 문화를 소개하는 내용의 교과서인 『사민필지』를 저술했다. 1889년 한글본으로 초판이 나왔고, 1895년 학부(學部)에서 백남규(白南奎)·이명상(李明翔) 등이 왕명으로 한문본(漢文本) 『士民必知』를 간행했다. 1906년에는 동생 아처(Archer)의 도움으로 *Geographical Gazetteer of the World*라는 이름의 Hulbert's Education Series No. II 수정판이 출간되었다. 초판 한글본은 17행×28자 161면이며, 10장의 지도가 수록되었다. 한글본 목차는 제1장 지구, 제2장 유럽주, 제3장 아시아주, 제4장 아메리카주, 제5장 아프리카주로 되어 있고, 총론에서는 태양계와 그 현상, 지구의 모습, 기후·인력·일월식, 그 밖의 지구상의 현상, 대륙과 해양, 인종 등에 관한 내용을 담고 있다. 각 주의 총론은 각 주의 위치·지형·면적·기후·인구·인종을 적고, 이어 각 주별로 주요 국가의 위치·방향·기후·산물·국체·인구·씨족·수도·산업·군사·학업·종교·나라나무 등에 관해 기술하고 있다. 기술상의 특징은 한국을 기준으로 한 점인데, 예를 들면 "일본: 일기는 대한보다 좀 덥고 습기가 많으며……."와 같은 내용이 그것이고, 각국의 수출입액은 한국의 화폐단위인 '원'으로 표시했다. 비록, 외국인의 손에 의해서 저술된 것이지만,

이틀 후에 보내드리겠습니다. 저는 그 책을 보다 학술적인 한문(漢文) 대신에 조선 글로 썼습니다. 왜냐하면 저는 조선의 글자를 더욱 보급하고, 조선인들이 한문을 중시하는 터무니없는 편견에서 탈피하는 중요한 일을 돕고 싶었기 때문입니다. 이러한 저의 결정으로 인해 이 계획은 재정적으로 실패하게 되었습니다만, 그 돈은 잘 쓰여진 것이라고 생각합니다.

　이렇게 긴 편지를 양해해 주시기 바랍니다. 그러나 짧게 써서는 제 계획의 구상을 알려드릴 수가 없었을 것입니다.

　진심을 담아
　헐버트

한국 최초의 세계지리교과서로, 아직 세계정세에 대해 백지상태이던 한국에 세계지리 지식을 꾸밈없이 심어주어 세계에 눈을 돌리게 하고, 근대화의 문을 열어 주었다는 점에서 그 의의가 크다. (출처: 『한국민족문화대백과사전』)

1892년 9월 26일

제인스빌 오하이오

그리피스 박사님께,

조선에 관하여 박사님의 견해를 듣고자 하는 것이 두어 가지 있습니다. 박사님은 조선과 일본에서 기독교 문명을 증진시키는 것과 관련된 것은 무엇이든 관심을 갖고 계신 것으로 알고 있습니다. 두 종족은 여러 면에서 매우 다르다는 것도 맞는 말이고, 또한 기독교 교육은 두 나라 모두에 필요하다는 것도 맞는 말입니다.

조선에 6년간 체재하는 동안, 저는 조선인들의 지적 생활의 근저를 이루는 상황을 연구하기 위하여, 그리고 우리의 교육에 대한 아이디어가 어느 정도까지 실현이 되어 유익한 결과를 가져올지를 검토하기 위하여 많은 노력을 기울였습니다.

저는 한두 가지 확정적인 결론에 이르게 되었습니다.

첫째는 일본에서 대체적으로 이루어졌던 것처럼 조선과 조선인들이 영어를 토대로 한 본격적인 시스템을 시행해 나가는 것은 결코 기대할 수 없다는 것입니다. 일본을 휩쓸었던 압도적인 인문학적 물결은 조선에서는 없을 것 같습니다. 모든 것이 보다 천천히, 보다 보수적으로, 그리고 바라건대, 일본에서 나타난 반응보다 약하게 진행될 것입니다. 물론 일본에서 나타났던 발전이 느리게든 빠르게든 앞으로 수십 년간 없을 것을 의미하는 것은 아니며, 중국이 보여줄 발전보다는 빠를 것으로 기대하고 있습니다.

조선에서 이루어져야 할 것은 그 무엇보다도 한자(漢字)와 구별되는 진정한 조선어 글자를 더욱 보급시키는 방향으로 분위기를 일으키는 것입니다. 그 작업은 이미 시작되었습니다. 제가 떠나기 전에 이 문제에서 변화가 생기는 것을 보았습니다. 조선인들은 20년 이내에 한자는 조선에서 폐지될 것이라고 내게 말했습니다. 그것은 매우 낙관적인 전망이기는 하나 아무튼 조만간 이루어질 것으로 믿습니다.

그 이유는 두 가지입니다. 우선 문학 문화의 정신은 조선인들의 마음에서 결코 없어질 수 없습니다. 또한 아무도 그것을 없애려고 하지 않을 것입니다. 왜냐하면 조선인들의 삶의 어두운 면에서 그것은 하나의 밝은 면이기 때문입니다. 두 번째 이유는 조선인들이 지금까지 해오던 대로 한자를 공부해 나갈 여유가 없다는 것을 깨닫고 있으며, 더욱 깨달아가게 될 것이기 때문입니다. 외부 사람들과 경쟁이 점차 심해짐에 따라, 그들의 문학 수준을 유지하면서도 시간과 돈을 적게 들이려는 방편을 쓰게 될 것입니다. 이에 따라 그들은 그들 자신의 글자를 더욱 쓰게 될 것이며, 한편 문제가 발생하기도 할 것입니다. 즉, 그들이 어떻게 그들 자신의 글자로 인쇄된 필요한 자료들을 제공받아서 그들의 문화적 풍미를 만족시킬 수 있겠는가 하는 것입니다.

그 답은 오로지 과학, 역사, 윤리 등 분야의 작품들을 훌륭하고도 자연스러운 조선어로 옮길 수 있는 사람들의 의지에 달려 있습니다. 지금이 바로 매우 영향력 있는 작업을 할 수 있는 훌륭한 기회입니다. 현재 조선의 문학적 삶의 흐름을 새로운 채널로 변화시키는 노력이 진행되어야 합니다. 제가 말해왔던 바와 같이, 한자로부터 조선어 글자로 변화하는 것은 반드시 이루어질 것이며, 그 방향은 조선인들이 조선 글자로 된 작품을 찾아서 정열을 기울이는 데 따라 결정될 것입니다. 그들이 그런 작품을 찾아내지 못하면 그들은 중국의 메마른 문학을 자신들의 글자로 옮겨놓고 종전처럼 그럭저럭 나아갈 것입니다. 그러나 현재 보유하고 있는 문학의 핵심적인 것들만이라도 찾아내면, 아마도 찾아낼 것입니다만, 새롭고 좋은 방향으로 발전시키는 데 자극이 될 것입니다. 이것이 제가 지리와 관련된 저술을 조선어로 만든 이유입니다. 그렇게 하면서 거기에 투자된 자금은 절대 회수되지 않을 것임을 알게 되었지만, 또한 그 저술이 어떠한 영향을 끼치든 간에 이는 바른 방향으로 가고 있다는 것을 알게 되었기 때문입니다.

뿐만 아니라 조선에서 펼쳐지고 있는 현재의 과도기는 바로 전적으로 훌륭한 기독교 대학이 확고하게 설립되어야 할 때입니다. 이는 젊은이들의 문학적 열망을 분출할 수 있는 좋은 출구가 될 것이며, 또한 물론 개혁 추진과 합치될 것입니다. 그 학교는 학생들을 전문적인 삶 또는 문학적인 삶에 적합하게 만드는 실질적인 대학이 되어야 합니다. 물론 그 목적은 학생들에게 기독교적 영향력을 최대한 많이 끼치도록 하는 것이 되어야 하며, 기독교적 인간상이 항상 그들의 모델로서 중시되도록 그들의 학업을 이끌어가야 할 것입니다.

이와 관련하여 출판소도 있어야 하며, 그곳에서 훌륭하고 강력한 기독교 문학(전적으로 신학적이거나 설교적인 것은 아닌 책)

이 출간되어야 합니다. 그러한 학교는 거의 100명의 학생들로 시작하게 될 것이라고 믿을만한 충분한 이유가 있습니다.

박사님은 '정부에서 세운 학교가 이러한 목적을 수행할 수 있지 않을까'라고 물으실 수 있겠으나, 제 대답은 '정부에서 세운 학교는 정부가 통역관으로 훈련시키고 있는 약 28명의 학생으로 구성되어 있다'는 것입니다. 그 학교의 성격은 지난 2년간 완전히 바뀌었습니다. 주된 목적은 실용적인 것, 즉 통역관을 양성하는 것입니다. 그것이 바로 제가 그 학교에 관련된 일을 포기하게 된 이유 중의 하나입니다.

그 학교의 운영을 맡은 관리들은 제가 그 학교 일에 관여하느라 쓰는 시간을 가치 없게 할 정도로 그 권한을 축소시켰습니다. 우리는 그 학교가 유지해야 할 수준에 근접하도록 할 수가 전혀 없었습니다.

우리는 그곳에 있는 미국 정부의 대표들로부터 전혀 도움을 받지 못했습니다. 사실 우리는 도움을 받기보다는 방해를 받았습니다. 저는 지난 5월 귀국하였을 때, 저를 조선에 보냈던 국무장관께 그러한 사실을 털어놓으려고 단호하게 결심하고 워싱턴에 갔습니다. 그런데 제가 워싱턴에 도착했을 때, 제 부친의 친구인 이튼 장군이 그렇게 하지 말 것을 종용했습니다.

그러나 저는 조선에서의 교육에 대한 관심이 결코 덜해지지 않았습니다. 저는 서울에 정부로부터 독립적인 기독교 대학이 설립되고 베이루트대학 또는 콘스탄티노플의 로버츠대학과 같이 잘 운영되어야 한다고 확신하고 있습니다. 그곳의 장로교 선교사들은 그러한 방향에서 무언가를 생각하기에는 너무 인력이 부족합니다. 그곳에서 매우 훌륭한 학교를 운영했던 감리교 선교사들은 여러 가지 이유로, 주로 인력 부족으로 학교를 사실상 포기했습니다. 이것은 제가 1년 중 상당 기간 동안 생각해 보았던 문제이며, 그 일은 시작되어야 한다는 확신을 갖게 되었습니다. 저는 필요한 대지와 건물에 약 45,000달러가 소요될 것으로 산정했습니다. 기부액은 100,000달러, 또는 가능하면 그 이상이 필요할 것입니다. 학교 운영을 위해 3명이 파견되어야 하며 그들은 매우 신중하게 선발되어야 합니다.

저는 이 문제를 거론하는 것을 오랫동안 망설였습니다. 왜냐하면 제가 조선에 다시 돌아가서 쾌적한 일을 할 기회를 갖기 위해 특별히 청원하는 것이라고 누군가가 의혹을 가질지도 모른다는 우려 때문이었습니다. 저는 그 일이 저에게 쾌적할 것임을 결코 부인하지는 않습니다. 그러나 제가 그 현장에서 일을 수행하는 데 적극적인 참여를 하지 않는다고 해도 저는 그 계획의 성사를 위해 열심히 일해야 합니다.

이 문제 전체에 대하여 박사님의 솔직한 견해를 듣고 싶습니다. 제가 대중 앞에, 특히 그 일의 성공적 완수를 위해 상당한 지원을 해줄 가능성이 큰 사람들 앞에 이 문제를 제시할 방안을 박사님은 혹시 아십니까? 장로회 선교본부가 권한을 갖게 된 것을 고려하여 회중교회 측에 이 문제를 제기하는 것이 소용이 있을까요? 아메리칸 보드[5] 측은 조선에서 선교사업을 하지 않기로 결정한 것으

---

5 아메리칸 보드[American Board of Commissioners for Foreign Missions]는 1810년

로 알고 있습니다. 우리의 이러한 노력은 그곳에서 장로회 측이 진행하고 있는 것과 다른 방향에서 진행되고 있으므로 침해로 여겨질지 여부에 관한 의문이 생깁니다. 그 학교에서 양성되는 기독교인들은 선교사업에서 장로회 측과 함께 일하게 될 것으로 보이며, 그래서 회중교회 측이 그 목적을 위해 기부하는 데 주저할 이유가 될 것이라고 생각됩니다. 그러나 회중교회는 동아시아 및 서아시아의 이 분야에서 훌륭하게 일을 해왔으므로 그들이 이 학교를 시작하기를 희망합니다. 게다가 저 자신은 회중교회 교인이며 그들과 늘 공감대를 갖고 있습니다.

만약 어느 부자가 이런 큰 자선사업에 기부하기를 원한다면 참으로 훌륭한 기회가 될 것입니다. 1천5백만 인구의 나라입니다. 국제무대에서의 활동과 발전 과정에 처음 들어서는 나라입니다. 이 나라는 한쪽에 중국, 다른 한쪽에는 일본, 또 다른 쪽에는 러시아와 인접해 있어, 아시아에서 가장 중요한 전략적 위치에 놓여있습니다. 이 나라는 훌륭하고 모범적인 학교가 설립될 기회가 있는 거의 마지막에 해당하는 훌륭하고 완전한 나라입니다. 튀르키예, 시리아, 인도, 시암, 중국, 일본에는 다 그러한 학교가 있습니다. 조선은 유럽의 튀르키예보다 1.5배의 인구를 갖고 있으며, 페르시

미국에서 개신교로서는 처음으로 조직된 해외선교 단체이다. 회중교회 교인들이 중심이 되어 설립되었으나, 이후 장로회와 침례회 등의 신도들도 가입하여 초교파적 성격을 띠게 되었다. 동북아시아 가운데 중국에는 1829년부터, 일본에는 1869년부터 선교사를 파송하여 활동하였으나, 한국에는 선교사를 파송한 바 없다. 1961년 미국합동교회세계선교위원회(United Church Board for World Ministires)로 개칭하였다.

아의 2배, 시리아의 2배 이상의 인구를 갖고 있습니다. 필요한 금액 전체 또는 필요액의 2배를 자랑스럽게 기부할 사람을 찾아야합니다. 조선에서의 학교 문제를 제시하는 것은 제가 부탁한다는 의미가 아니고 제가 기회를 제공한다는 의미입니다. 이 문제에 관하여 박사님의 견해를 들을 수 있으면 참 기쁠 것입니다.

진실을 담아서
헐버트

1892년 11월 16일
제인스빌 오하이오

그리피스 박사님께,

목사님의 오늘 편지는 제가 한참 전에 의도했던 것을 생각나게
합니다. 저는 그 일에 있어 서두를 필요가 있다는 것을 몰랐습니다.
그렇지 않으면 제가 즉시 챙겨보았을 것입니다.

저의 한글 [조선에 관한] 기록은 모두 치워놓았으며, 기회가 있는
대로 그 문제를 들여다보려고 했습니다만, 제 개인 일로 인해 시간
이 거의 없었습니다. 일이 지연된 것을 이해해 주시기 바랍니다.
저는 어떤 사람들의 이름을 찾기 위해 제 서류를 훑어보았는데,
기자(箕子)(중국어로는 기츠 Ki Tz)를 포함하지 않는다면 조선에서 위
대한 학문의 빛이라고 할 수 있는 사람은 두 명만 찾을 수 있습니다.
기자는 기원전 1122년에 조선을 식민지화 했으며 중국의 학문을
소개했습니다. 제가 언급하는 두 사람이란 세종과 최치원입니다.
전자는 현 조선왕조의 네 번째 왕입니다. 그의 가장 중요한 업적들
은 다음과 같으며, 그것들이 모두 학문에 관한 것은 아니지만 그
인물을 보여줄 것입니다.

그는 동활자판을 처음 만들었습니다.

그는 그를 위한 기원문을 쓰는 사람들에게 그 자신을 위한 기원
문이 아닌 백성들을 위한 기원문을 쓰라고 명했습니다.

그는 『자치통감(資治通鑑)』을 손수 수정하였으며, 이를 젊은이

들 교육용으로 출간했습니다.

그는 한글 창제를 감독하였으며, 『훈민정음』을 발간하여 새로운 한글 창제의 원칙을 밝혔습니다.

다른 사람 최치원은 학문적 관점에서는 훨씬 위대한 사람이기는 하나, 전자만큼 백성들에게 혜택을 줄 기회는 거의 갖지 못했습니다. 그는 세종보다 600년 이상 전에 살았습니다. 12살에 그는 중국에 가서 유학했으며 그곳에서 과거 시험에서 최우수 성적을 거두었습니다. 그리고는 세상 견문에 나섰습니다. 그는 중국, 티베트, 페르시아를 거쳐 여행했으며 아라비아도 방문한 것으로 알려집니다.[6] 그가 모국에 귀환했을 때 바로 최고위직으로 등용되었으며 정부의 교육담당부서의 모든 업무는 그의 손에 맡겨졌습니다. 그러나 그의 출중한 지혜와 세련미는 질시하는 그의 동료 관료들에게는 큰 미움의 대상이 되어 결국 정부에서 강제로 떠나게 되었으며, 산에 들어가 은둔의 삶을 살면서 역사를 쓰며 시간을 보냈습니다. 이 사람은 교육받은 조선 사람들이 가장 위대한 학자이며 문학적 천재로 존중하는 사람입니다. 두 개의 이름을 쓰기를 원하신다면 이 두 사람, 세종과 최치원은 의심할 바 없이 해당되는 사람들입니다. 한 사람만 원하신다면 이는 목사님이 가장 실질적인 일을 한 사람을 원하시는지, 또는 조선인들이 보다 위대하다고 생각하는 사람을 원하시는지의 문제입니다. 저로서는 최치원 이름을 선호하긴 합니다. 이름의 첫 부분(Choe)에 있는 oe는 이중

---

6 중국 여행 외에는 정확한 기록이 아니다.

모음이며 발음이 어렵습니다만 다른 방법으로도 음역할 수 있습니다. 민속학회 회원 후보로 제 이름을 시카고의 바세트 부인께 추천해 주신 데 대하여 목사님께 큰 감사를 드립니다. 제가 시간 나는 대로 그들을 위한 발표문을 준비하겠습니다.

진심을 담아서,
헐버트

[추신] 물론 '대왕'이라는 왕의 직함은 왕의 이름 다음에 붙여집니다. 따라서 언제나 '세종대왕'이라고 쓰입니다. 이 단어는 영어의 '세이'(Say)와 정확히 같은 발음이나, 세이(Say) 대신에 Sei(세)로 말하는 것이 더 나을 듯합니다.
헐버트

1892년 12월 13일
제인스빌 오하이오

그리피스 박사님,

　유명한 조선인들의 이름을 언급한 편지를 받으셨으리라 믿습니다. 그리고 박사님이 제게 언급한 [글을] 작성하시는 가운데 그들 중 한 명이나 그 이상을 포함시키는 데 성공하셨기를 바랍니다. 제가 여기에 갖고 있는 조선의 전설에 관한 모든 원고를 언론을 위해 준비하였으며, 전체의 1/3 가량 되는 나머지 원고를 갖고 있는 「재팬메일」 편집인으로부터 소식을 기다리고 있습니다. 이에 관하여 그에게 두 번 편지를 쓰면서, 제 글이 인쇄된 「재팬메일」을 보내주거나 또는 그 원고들을 회송해 달라고 요청했습니다. 그가 왜 아직 답장을 하지 않는지 모르겠습니다. 그 글은 모두 인쇄되었을 것으로 믿을만한 충분한 이유가 있습니다만, 제가 미국에 온 이후 「재팬메일」을 보지 못하였기 때문에 확신할 수는 없습니다.

　박사님은 「재팬메일」을 구독하시는지 그리고 그 신문들을 보관하시는지 궁금합니다. 만일 그러시다면, 1891년 11월, 12월 및 그 다음 한두 달의 신문들을 찾아보시고, 저의 글이 포함되어 있는지를 한번 보아주시겠습니까. 그 무렵 저는 그 편집인으로부터 편지를 받았었는데, 지진에 관한 뉴스가 당분간 다른 모든 소식을 다 몰아내었다고 말했습니다. 그러나 저는 그 문제가 잠잠해지는 대로 게재를 계속할 것이라고 추론했습니다. 그들은 6개월 정도에 한 번씩 신문 목록을 보내주는데, 이를 갖고 계시다면, 이를 참조하는 것이 그 신문들을 보다 쉽게 찾으실 수 있을 것입니다. 제 글을 포함하는, 박사님이 갖고 계시는 1891년 11월 7일 자「재팬메일」을 제가 입수할 수 있도록 해달라고 하면 너무 과한 부탁이 되겠지요? 저는 그 신문들을 가장 소중히 다루고 철저히 조심스럽게 돌려드리겠습니다. 저는 그 원고들을「재팬메일」에 보낼 때 사본을 남겨놓지 않았습니다. 그 원래 원고들을 받지 못하게 된다면 저는 그 일을 완전히 새로 다시 해야만 할 것입니다. [원고들을 받게 되면] 저는 시간과 노력을 크게 절약할 수 있을 것입니다. 저는 다음 여름에 시카고에서 민속학회 총회에서 발표하도록 매우 정중히 초대를 받았으며 이를 수락했습니다. 이러한 기회를 누리는 것은 박사님의 배려에 의한 것임을 잊지 않고 있습니다. 그 때 반드시 박사님을 뵙게 될 것을 믿습니다.

　진심을 담아서,
　헐버트

1892년 12월 19일
제인스빌 오하이오

그리피스 박사님께,

박사님의 귀한 편지는 오늘 도착하였으며, 그 이름들과 관련하여 제가 시간을 맞추지 못한 것을 알게 되어 참으로 안타깝습니다. 모든 것은 저의 잘못이며, 그토록 생각이 부족한 것에 대해 매우 부끄럽게 생각합니다.

「재팬메일」에서 제 글을 찾아보시겠다는 친절한 제안에 대하여 말씀드리겠습니다. 거기에서 저의 이야기를 발견하시면 이를 타자기로 전사하여 제게 보내주시면 대단히 감사하겠습니다. 박사님께 큰 불편함 없이 이루어지도록 하실 수 있겠습니까? 만일 하기가 어려우시면 그냥 놔두시고, 제가 일본으로부터 소식을 들을 때까지 기다리겠습니다.

소요 비용을 알려주시기 바라며, 그 비용은 즉시 송금해 드리겠습니다.

박사님은 보스턴을 떠나시면서 더욱 훌륭한 자리로 가시게 될 것을 믿습니다.

진심을 담아서,
헐버트

[추신] 설교문이 도착하면 큰 관심을 갖고 읽어보겠습니다.

1893년 12월 11일
서울 조선

그리피스 박사님께,

박사님으로부터의 기쁜 편지는 어제 도착하였으며 저는 서둘러 답장을 씁니다. 우선 박사님의 친절한 덕담에 감사드립니다. 제가 2년 전 이곳을 떠났을 때 팽배했던 상황과 현재의 상황을 비교하면 엄청난 변화가 있다는 걸 알게 됩니다. 조선과 보다 역동적이고 비즈니스 지향적인 이웃 국가들 간의 불가피한 경쟁으로 인해 조선인들에게는 다소 슬픈 결과가 나타났습니다. 조선인들은 깨어 일어나서 일해야만 한다는 것이 매일 매일 더욱 분명해집니다. 그들은 수익 차이가 적으면서 큰 사업을 하는 것이 수익차이가 크면서 작은 사업을 하는 것보다 좋다는 교훈을 빨리 배워야 합니다. 조선인들은 수익률이 100% 이하인 것은 거들떠볼 것도 없다고 생각하는 것 같습니다. 모든 사회 계층에서 불만이 커지고 있습니다. 조선인들이 중국인 및 일본인들과 경쟁할 수 없는 이유 중 하나는, 후자는 모든 국가세금으로부터 면제를 받는 것인데, 이것은 매우 불공정한 것 같습니다. 조선 상인들은 세금을 내는데, 왜 서울에 있는 외국 상인들은 세금을 내지 않습니까?

이 정부는 이웃 국가들이 우호적인 표현을 씀에도 불구하고 그들의 수백만이 넘치는 인구들에게 활동범위를 확대해 줄 수 있다면 조선을 짓밟으려는 의지가 확고하다는 것을 혹독한 경험을 통하여 조금씩 배워가고 있습니다.

저는 아직 독자적인 일을 할 수 없었으며, 무엇인가를 쓸 시간도 없었습니다. 이 인쇄소를 정상적으로 작동하도록 하는 일이 가장 힘든 일이었습니다만, 지금은 출구가 보이기 시작했으며 곧 다시 일을 재개하게 될 것입니다.

Things Korean 작업에 대한 박사님의 제안은 매우 귀중한 것으로 받아들이며 곧 제가 관심을 기울이겠습니다.

「코리안 리포지토리」 잡지와 관련하여 저는 곧 그 잡지에 관심을 기울이고자 하며, 아마도 계간지의 형태가 될 것입니다. 지난번 재직자[7]는 그의 시간과 에너지의 대부분을 거기에 쏟고 그의 정규 일을 등한시하였는데, 그러한 실수를 저는 확실히 피할 것입니다.

제 머릿속에는 검토해야 할 문제들이 수백 가지가 떠오르고 있으며, 그중 하나는 한자에 대한 일본 발음과 조선 발음을 비교하여 그 두 가지 발음이 중국의 동일하거나 또는 상이한 지방에서 비롯된 것인지를 가능하면 찾아보려고 합니다. 또한 *Story of the Nation* 시리즈에 중국·조선·일본이 포함될 날이 오긴 올 것인가에 대해서도 생각해 보았습니다. 반드시 그리되어야 하며, 저는 그 일에 관여하고 싶습니다. 조선 역사는 저의 특별한 취미입니다. 저는 지금 『동국통감』의 복사 작업을 진행 중입니다. 이것은 27권으로 된 작품으로서 조선의 고대 시기부터 다루는 완벽하고 흥미 있는

---

7 선교 활동을 돕기 위한 목적으로 1892년에 이 영자신문을 창간한 미국 감리회 선교사 올링거를 가리킨다.

역사 설명서입니다. 저는 더 가치가 높은 다른 조선 역사를 번역했으며, 이 두 저술과 제가 보유 중인 다른 저술들을 함께하면 조선 역사의 풍부한 자료가 될 것입니다. 저는 그 작업을 충실히 할 것이며, 조만간 그것을 수행하기로 확고하게 결심하고 있습니다. 이곳에서 출간된 것들 중 박사님의 관심을 끌 만한 것들을 모아서 다음 우편으로 보내드리고자 합니다. 사실 저는 이번 우편으로 우리 선교보고서의 교정쇄를 보내드리고자 합니다. 이는 최소한 우리 선교사업에 대한 이해를 도울 것이며, 또한 이곳에서의 모든 선교사업에 대한 좋은 지표가 될 것입니다.

언더우드 박사께서는 여기에서 열심히 일하고 계십니다. 그는 정말 지칠 줄 모르는 분입니다. 그로부터, 또한 다른 사람들로부터도 논문이 계속 끊임없이 쏟아져 들어오고 있어서 우리를 항상 압박합니다. 모두들 안녕하며, 기회 닿는 대로 그분들께 당신의 안부를 전하겠습니다.

호기심 끌 만한 것을 원하신다면, 로저스 목사님께 세계 가운데 조선이 그려진 지도의 사진을 요청해 보세요. 그 지도는 제가 영국 박물관에 매각한 바 있으며, 거기서 보물로 인정받고 있습니다. 사진들은 몇 달러 정도로 판매되고 있습니다. 아마 대여섯 장 남아있을 텐데, 그 목사님이 박사님께 한 장을 드릴 것입니다. 레이덴의 슈에티(Schuety) 씨께 제가 꼭 편지를 보내어 그곳에 발판을 마련하기 위해 할 수 있는 모든 것을 다하겠습니다. 박사님의 제안에 깊은 감사를 드립니다. 기회 되는 대로 박사님께 또 편지를 드리겠습니다. 「재팬메일」 신문을 보시면 이따금 저의 짧은 글을 보실 수 있을 겁니다. 노이스(Noyes)의 일은 참 잘 되었습니다.

진심을 담아서
헐버트

1894년 1월 5일
서울 조선

그리피스 박사님

오늘 편지를 쓸 시간은 없습니다만, 출간된 「리포지토리」 잡지의 완질을 보내드립니다. 완질은 몇 질 밖에 없으나, 제가 특별히 확보했습니다. 원하시면 그 대금(2.80 달러)을 오하이오 제인스빌의 로저스 목사님께 보내실 수 있으며, 그것은 제 몫이라는 것을 말씀드려도 좋겠습니다. 박사님께서 이 잡지에 흥미를 가지실 것으로 생각합니다.

진심을 담아서
헐버트

1894년 11월 9일
서울

그리피스 박사님께,

아시다시피, 우리는 「리포지토리」 발행을 다시 시작하려고[8] 하며, 특히 동양에 관한 한 지금은 매우 적절한 때라고 생각합니다. 이곳의 새로운 개혁의 의미에 관한 귀하의 기고문을 새해 첫 4개월 중 어느 때에 보내주실 수 있을까요. 그에 관한 기고를 보내주시면 우리에게 매우 귀한 것이 될 겁니다. 요즘 조선은 매우 중요한 시기입니다. 저는 일본의 관여하에 군국기무처가 채택한 신 헌법[9]의 번역문을 인쇄하고 있습니다. 귀하에 한 부 보내드리겠습니다.

진심을 담아서
헐버트

---

8 올링거가 1892년 1월에 창간한 「코리안 리포지토리 *The Korean Repository*」가 올링거 귀국 이후 잠시 휴간되었는데, 헐버트가 주도하여 1895년에 복간호가 나왔지만 그리피스의 원고는 보이지 않는다.

9 갑오개혁 시기에 새로 제정하여 공포된 213건의 개혁안과 제도를 가리키는 듯하다.

1896년 11월 30일
서울

그리피스 박사님,

제가 1893년 조선에 돌아왔을 때 '조선 역사'라는 흥미 있는 분야에 바로 뛰어들었습니다. 6년간 고종의 비서를 지내고 14년간이 왕조의 역사를 편찬했던 사람을 만나게 되었습니다. 또한 기자조선(箕子朝鮮)의 조상을 13세대나 더 거슬러 올라가게 하고 기자왕조에 대한 자세한 설명을 해 주는 희귀한 문서를 접하게 되었습니다. 이 문서는 평양에서 기자 자신의 후손들 중에서 방금 빛을보게 된 것입니다. 이 문건은 현재 고종께 보고드리기 위해 복사가 진행 중이며, 저는 제 선생님을 통하여 그 사본의 견본을 미리볼 수 있었습니다. 그런데 가장 흥미 있는 부분은 1592~1598년일본의 조선 침략을 비추어주는 새로운 빛입니다. 제가 곧 발간을기대하고 있는 '조선 역사'에서는 이 전쟁에 대해 100쪽 가량이할애되었으며 일본 역사에 관해 조금이라도 아는 사람에게는 큰흥밋거리가 될 것입니다. 일례로, 히데요시가 중국 사람에 의해독살되었다는 사실과, 히데요시 막부 내 조선 노예 한 명만이 그사실을 알고 있었으며 그가 나중에 조선에 그 사건의 상세를 가지고 왔다는 것, 그리고 그것이 조선어 문서(MSS)에 지금까지 숨겨져 있었다는 것입니다.

제가 꼭 알아내고 싶은 것은 부산의 왜관(倭館)과 조선 정부 간의 정확한 관계입니다. 일본의 침공이 끝난 이후, 즉 1600년부터 1868년까지 약 300명의 일본인들이 집단으로 부산에 살았으며 이는 조선 정부의 지원을 받았으며 '전위 부대'라고 불렸습니다. 조선인들은, 분명한 이유를 대면서, 그것은 조선 정부에 의해 인질로 잡혀있던 사람들의 집단이라고 주장합니다. 저는 일본인들은 이 사안에 대하여 무엇을 믿으며 주장하고 있는지를 알고 싶습니다. 그들이 인질이 아니었다면 왜 조선 정부가 그들을 지원해야만 했을까요. 만일 그것이 일본의 주둔지였다면 일본 정부가 그들을 지원했을 것이고, 만일 무역 상인들의 거류지였다면 그들 스스로 살아갈 수 있었을 것입니다. 3세기 동안이나 일본이 조선으로 하여금 부산의 일본 주둔지를 지원하도록 할 수 있었다는 것은 상정하기가 불가능합니다. 그리고 조선 정부가 그들에게 식량 공급을 중단하자 그들은 철수했습니다. 한편, 조선 정부가 그들에게 공급을 끊었을 때 일본은 그 인질들을 철수시키는 것이 정당하다고 느꼈을 것으로 보입니다.

일본의 침략 이후 얼마 동안 조선이 일본 처녀들의 인피(人皮) 300장을 매년 요구하고 이를 받았다는[10] 터무니없는 구전 이야기를 들어본 적이 있는지요. 여기 조선인들은 서울의 무기고 중의 하나에 보관되어 있는 300장의 인피를 보여주겠다고 제안합니다. 그들이 약속을 지킬 것으로 기대합니다. 또한 그 구전에 의하면

---

10 조선 후기 군담소설 『임진록』에 나오는 이야기인데, 사명당이 일본에 가서 도술로 일본 왕의 항복을 받고, 해마다 인피 삼백 장을 바치게 했다고 한다.

일본이 인피 바치는 것을 중지하고, 그 대신 부산에 300명의 인질을 제공하며 매 1~2년마다 교대하는 것을 제안했다고 합니다. 그 구전에 따르면, 처녀들의 인피를 받는다는 생각은 일본의 인구를 줄임으로써 또 다시 침략하지 못하도록 한다는 것이었답니다.

각별한 안부와 함께.
헐버트

[추신] 저는 상하이에서 이 [조선] 왕조 역사를 한자로 600쪽 5권으로 출간하고 있습니다. 또한 여기에서 '조선 역사'를 학교용으로 조선어로 출간하고 있습니다.

1897년 4월 29일
서울

그리피스 박사님께,

귀하의 편지는 수표와 함께 며칠 전에 도착했는데 너무 오랫동안 답장을 못 드렸습니다. 「독립신문」을 첫 호부터 포함하여 한 질을 보내드립니다. 초기 발행 신문들은 매우 희귀하나 다행히 제가 몇 질을 갖고 있습니다. 처음 몇 달 동안은 서재필 박사를 위하여 제가 모든 사설(社說)을 다 썼습니다만, 차츰 틀을 잡아가면서 그는 가장 까다로운 언어(영어)에서 이따금 만나는 난관을 제외하고는 무난하게 잘 하고 있습니다. 구독료가 1897년 1월부터 연 6달러로서 보내주신 수표는 충분하지는 않으나, 제가 과감하게 그로 하여금 귀하의 이름을 정기구독자로 등록하도록 하겠습니다. 매주 3회분을 함께 귀하께 우송하도록 그에게 부탁하겠습니다.

모레 저는 국가교육제도 수립을 위해 조선 정부와 5년 계약 의무를 시작합니다. 처음 2년간은 주로 현지어로 교과서들을 준비하고 교사들을 훈련시키는 일일 것입니다. 그리고는 학교를 설립하는 일인데, 우선은 감영(監營) 소재지에, 그리고 점차적으로 지방에 설립하게 될 것입니다. 이 정도면 필생의 사업입니다. 저는 이미 교과서 두 권을 거의 끝냈으며 다른 것들은 계획 중에 있습니다. 저는 정부 인쇄소를 완전히 자유롭게 사용할 수 있으며, 따라서 원고가 준비되는 대로 이 교과서들을 인쇄할 수 있습니다. 또한 다른 외국인들로 하여금 물리, 생리학, 화학 등 자연과학에서 각자의 전공 분야에 따라 교과서를 준비하도록 하고 있습니다.

저는 자연과학에 대해서는 관심을 가진 적이 없으며 수학, 역사, 지리, 정치학에만 관심을 가질 것입니다. 결국 우리는 공직 개념을 도입하여 이 개념에 따라 실시되는 교육을 공직의 필수요건으로 삼고자 합니다.

우리는 모두 잘 지내고 있습니다만, 한 달 전 13개월 된 아들을 잃었습니다. 우리에게 참으로 무거운 슬픔이었습니다.

귀하의 수표 및 보고서와 관련되는 다른 일들에 대해서도 살펴보겠습니다. 「리포지토리」는 은화 3.84달러입니다. 「독립신문」의 전질은 1896년에는 1달러이며, 1897년 현재까지는 2달러입니다. 우편료는 몇 센트입니다. 추후 정산하겠습니다.

귀하와 가족들께 각별한 안부를 전합니다.

헐버트

1900년 2월 18일
서울 한국

친애하는 그리피스 박사님께 : -

박사님의 편지는 얼마 전 도착했으며 매우 반가웠습니다. 바로 답장을 쓰려고 얼마 동안은 생각하고 있었으나, 미루는 모습으로 제 안에서 좋지 않은 습관이 작동하는 것 같아 우려됩니다. 「리포지토리」는 1898년 말에 중지되긴 했으나 일종의 전단지 형태로 잠시 더 지속되었으며, 이것은 1899년 중 얼마 동안 매주 발송되었습니다. 그러나 많은 분량은 아니었으며, 박사님께도 별 가치는 없었을 것으로 짐작합니다. 금년 중, 아마도 6월경에는 재발행될 것으로 저는 확신합니다. 제가 1898년 가을 귀국할 때 아펜젤러는 제가 귀환하면 그 잡지의 편집책임을 맡아달라고 요청했으며, 저는 그렇게 하겠다고 약속했습니다. 그런데 제가 귀환했을 때 상황이 밝지 않았으며, 그래서 당분간 계획이 이행되지 않았습니다. 그 잡지에 제가 적극 관여하는 일은 1897년 제가 선교회를 떠나서 정부 일을 다시하게 되었을 때 종료되었습니다. 그러나 재발간이 시작되면 저는 편집위원으로 일할 것입니다. 최소한 아펜젤러와 그렇게 하기로 합의하였습니다. 그 잡지에 대한 요구가 매우 많으며, 특히 러시아인들이 많이 요구합니다. 그 북방의 이웃들은 이곳의 우리들에게 매우 깊은 관심을 갖고 있으며, 지금보다 더 많은 러시아인들을 보게 되는 때가 곧 올 것입니다. 저는 일본이 머지않아 깨어나기만을 바라고 있습니다. 저는 현 조선 왕조의 역사를 상하이에서 한자로 인쇄하는 데 한동안 어려움을 겪어왔는데, 지금은 거의 다 완료되어 이번 봄에 출간될 것입니다. 이 책은 5권으로 되어있으며, 한국과 중국에서 어쨌든 배포될 것입니다. 아마도 일본에서도 배포될 것입니다. 알렌 박사는 저의 한국 역사(영문)책을 즉시 발간하라고 촉구하고 있습니다. 그는 원고를 검토해보았으며 크게 관심을 갖고 있습니다. 상하이에 있는 한 회사가 좋은 형태로 매우 적은 가격에 출판할 것이며, 저는 그렇게 하기로 거의 합의하였습니다. 그 경우 이 책은 예약판매될 것입니다. 박사님도 이에 관한 안내를 받으실 것입니다. 이 책은 삽화 등을 다 포함하여 약 800쪽이 될 것으로 우려됩니다만, 이를 줄일 시간도 없고 그럴 의향도 없습니다. 현 상태로 그냥 진행될 것입니다.

저는 공립보통학교를 책임지고 있는데, 이 학교는 전국의 관료들을 양성하기 위한 학교입니다. 그러나 제대로 된 정부가 완전히 붕괴되어 있는 상황으로 인해 가까운 장래에 어떠한 성과를 내기 기대하기 어려운 상황이며, 보다 먼 미래에는 일본과 러시아가 완전히 [관료자리를] 채울 것이므로 제 일의 가치에 대하여 의구심을 갖게 됩니다. 가장 가치 있는 것은 제가 준비 중인 교과서일 것입니다. 사람들이 이곳의 모든 행사에 올 것입니다. 당신의 안부를 이곳 친구들에게 전했으며, 이들도 답례를 했습니다. 그리피스 부인께 안부를 전해주시기 바랍니다.

진심을 담아서

헐버트

1900년 12월 20일

코리아리뷰
(1901년 3월 6일 답변)

그리피스 박사님께,

하루나 이틀 후에 삽화가 포함된 저희의 새로운 월간지 「코리아리뷰」를 보내드리겠습니다. 이것은 「리포지토리」와 같은 방향을 따르지만 정치에 관한 이야기는 적을 것입니다. 제 생각에는 「리포지토리」는 정치적 이야기를 하는 데 있어 결코 편하지 않았습니다. 그러한 이야기가 계몽적인 것이 되도록 하려면 내부적인 지식이 있어야 합니다. 저의 입장은 정부에 대하여 친절하게 하되 정부의 잘못을 용인하지는 않으려는 것입니다. 물론 저의 위치 때문에 이러한 것이 필요합니다. 박사님이 이 잡지를 보시면 「리포지토리」 못지않게 흥미 있을 것입니다. 저희의 이 새로운 사업에 박사님이 성심껏 격려의 말씀을 해주신다면 대단히 감사하겠습니다. 한국에 관한 어떠한 질문에도 답해주는 특별한 부서를 제가 만들고 있다는 것을 박사님은 알게 될 것입니다. 이 부서는 특별히 외국인 구독자를 위한 것으로서, 박사님도 대답을 듣기를 원하시는 질문을 몇 개 보내주기 바랍니다. 박사님의 질문은 가장 훌륭하게 답변할 수 있는 사람들에게 제시될 것입니다.

저는 제가 쓴 『한국 역사』를 「코리아리뷰(한국평론)」 잡지에 연재하려고 합니다. 이것은 이러한 분야에서 진행되는 최초의 작업이므로 박사님 같이 한국을 마음에 두고 있는 사람들에게는 흥미가 없지 않을 것으로 믿습니다. 미국 지리학회 회지에 각각 기고문을 게재함으로써 저와 박사님이 악수를 할 수 있어서 기뻤습니다. 물론 [박사님이 기고하신] "네덜란드의 황야와 동굴들"은 [제가 기고한] 한국에 대한 것과 [비교해] 큰 격차가 있겠지만 말입니다. 「재팬 메일」은 박사님의 기고문과 저의 기고문을 선정하여 그들의 칼럼에 인용했습니다. 「리포지토리」는 최소한 현재로서는 간행되고 있지 않다고 최근에 들었습니다. 「리뷰」의 첫 호는 1월 말에 보내드리겠습니다. 박사님이 그 출판물에 보여주셨던 관대한 후원과 지지를 저의 새로운 도전에도 보여주시기를 요청합니다. 이 편지가 잘 도착하기를 바라며 박사님과 가족분들이 건강하시기를 바랍니다. 20세기의 인사를 보내며,

진심을 담아서.
헐버트

[추신] 현재 저는 정부에서 보통학교의 교장 직과 새로운 중학교의 영어 교사직을 동시에 맡고 있습니다.

1901년 4월 9일
서울 한국

그리피스 박사님께,

　박사님의 편지는 오늘 우편으로 도착했으며 「리뷰」와 관련하여 박사님으로부터 소식을 듣게 되어 매우 기뻤습니다. 박사님은 매우 친절하게도 「네이션」 및 다른 곳에 그 잡지를 언급해 주셨습니다. 물론 이 모든 것들이 도움이 됩니다. 보아하니 박사님이 이 편지를 쓰실 때는 그 잡지의 첫 호를 받지 못하신 것 같습니다만, 직후에 바로 도착했을 것입니다. 그 잡지가 1월 하순에 발송되었기 때문입니다. 그 잡지가 박사님께 흥미 있을 것으로 믿습니다.

　저는 몇 가지 불리한 상황에서 고생하고 있습니다. 우선 지면 부족으로 어려움을 겪고 있습니다. [한국] 역사에 대한 저의 연재는 각 호마다 20쪽을 차지하는데, 연재를 마치려면 이것도 충분하지 않습니다. 그렇게 해도 연재를 마치려면 3년이 걸릴 것입니다. 연재를 하는 것이 실수였는지도 모르겠습니다만, 그렇지 않기를 바랍니다. 각호는 48쪽으로 제한되는데요, 이는 아마도 현재 배포되는 구독료로는 그 이상으로 늘리기에는 충분하지 않기 때문일 것입니다. 구독 부수가 400부 이상 될 경우에는 60쪽까지 늘릴 수 있을 것입니다. 박사님의 제안들을 자세히 검토해 보았으며, 이미 알아채셨겠지만, 몇 개는 이미 실행하였습니다.

　두 번째 어려움은 사진을 자유롭게 쓸 형편이 안 된다는 것입니다. 이는 심각한 약점입니다. 2월호에서 보시게 되겠지만, 저는 「리뷰 앨범」을 발행함으로써 이 약점을 어느 정도 극복은 했습니다. 이것은 잘 진행되고 있습니다. 이 사진들은 매우 특별한 것들이며 제 생각으로는 (일본인들에 의해) 훌륭하게 인쇄되었으나 비쌉니다. 저는 이 사진들을 10센트(일본 돈)씩 받아야 합니다만, 「앨범」 구독 수가 300부 정도 되면 그 가격을 절반으로 낮출 수 있습니다. 보시다시피 저는 단지 수지를 맞추는 정도이며, 이익을 내지는 못하고 있습니다. 때가 되면 이익을 내는 사업이 될 수 있겠으나 한두 해는 수지를 맞추는 데 만족합니다.

저는 자료를 많이 갖고는 있으나 지면이 적어서 잡지를 확대하지 않을 수가 없습니다. 아마도 4월호에는 4쪽을 늘리게 될 것입니다. 물론 더 늘리는 것은 천천히 해야만 하는 상황입니다. 박사님이 말씀하신 일본의 페르베크(Verbeck)[11]와 관련된 일도 기쁘게 언급하겠습니다. 뉴욕 16번가 9W의 G. E. Stechert 출판사는 저의 미국 내 대리인이며, 그들은 외국 작품과 간행물들을 수입하고 있으므로 「리뷰」를 어느 도서관에 비치할지에 대하여 당연히 잘 알고 있을 것입니다. 그러나 박사님이 생각하시기에 잡지 견본을 보낼

---

11 귀도 페르베크(Guido Verbeck, 1830~1898)는 네덜란드 출신 미국인 선교사이다. 네덜란드 개혁교회 선교사로 나가사키에 파견되어 세이비칸(濟美館)에서 가르쳤고, 사가번(佐賀藩)에서 지엔칸(致遠館)을 세우자 그곳에서 가르쳤다. 1869년에 제자 오쿠보의 추천으로 가이세이학교(開成學校, 뒤에 도쿄제국대학) 교사가 되었다. 메이지 정부의 고문을 역임하면서 미국 럿거스대학에 있던 그리피스를 일본으로 데려와 메이신칸(明新館)에서 가르치도록 도왔다. 1877년에 가쿠슈인(學習院)에서 가르쳤고, 구약의 「시편」과 「이사야서」를 일본어로 번역했으며, 메이지가쿠인(明治學院) 대학의 이사장이 되었다.

가치가 있는 특별한 곳들이 있으면 그 명단을 알려주시면 좋겠으며, [견본을] 보낼 때는 박사님의 제안이라는 것을 언급하겠습니다. 이것은 저에게 실질적인 이득이 될 것입니다. 제 생각에는 여러 면에서 「리뷰」가 「리포지토리」에서 발전된 것임을 알게 되실 겁니다. 현재는 인쇄 작업이 물론 완전한 것과는 거리가 멀지만, 훨씬 좋아졌습니다. 제 희망대로 1903년에 귀국하게 되면 제 스스로 인쇄 작업을 위해 필요한 장비를 다시 가져갈 것입니다. 그 잡지는 정말 일류로 인쇄되기를 바랍니다. 현재 이 잡지의 인쇄기로는 하프톤 사진과 그라비어 사진을 인쇄할 수가 없습니다. 이곳의 인쇄소들은 그러한 작업을 충분히 잘할 수가 없습니다. 별도로 일본에서 작업해야 합니다. 「앨범」에서부터 고른 견본 사진을 여기 동봉하는데, 이를 통하여 스타일에 관한 아이디어를 얻을 수 있는 것입니다. 종이는 무겁고 좋습니다(미국제). 박사님이 여기에 동의할 것으로 생각합니다. 저도 매우 비싸다고 생각하는 가격만 뺀다면 말입니다. 4월호에는 박사님의 제안을 게재할 것이며, 이로써 저의 기자들이 박사님의 질문에 대답을 하도록 독려할 것입니다.

진실을 담아서
헐버트

[추신] 동봉하는 사진들은 구겨져서 흉하게 되겠지만, 단지 견본일 뿐입니다.

1901년 6월 22일
서울

그리피스 박사님께,

　박사님의 재미있고 친절한 편지는 며칠 전에 도착했으며, 우선 그에 대해 답변드리겠습니다. 저는 박사님이 역사에 대하여 말씀 하시는 것에 특히 관심을 가지며, 박사님이 주시는 어떠한 제안에 도 감사하고 있습니다. 저는 박사님 의견에 부분적으로 동의합니 다만 설명드릴 것이 한두 가지 있다고 생각하며, 이는 박사님의 의견을 좀 변화시키게 될 것으로 생각합니다. 우선 고대의 한국에 관한 역사적 정보는 사실상 출처가 하나뿐입니다. 여러 가지의 기 술들은 단지 오래된 『삼국사기』, 즉 '세 국가의 역사' 책이 변형된 것일 뿐입니다. 서로 비교할 수 있는 다양한 역사 기록이 있다고 하는 것은 사실이 아닙니다. 상호 검증 또는 확인은 가능하지 않 습니다. 고대에 관한 단순하고 직선적인 이야기만 있을 뿐이며, 신화적, 전설적, 역사적 요소들이 하나의 이야기로 혼합됩니다.
　이 이야기를 영어적 배경으로 서술하는 데 있어, 한국 역사의 초기 부분을 포괄하며 감싸고 있는 전설과 신화의 설명을 제외하기를 바 라십니까. 이는 마치 영국 역사에서 아서 왕의 이야기를, 스위스 역 사에서 윌리엄 텔 이야기를, 그리스 역사에서 호머와 헬렌의 이야기 를 빼버리는 것과 같을 것입니다. 박사님께서 보시다시피, 처음부터 저는 전설과 신화에 그 만큼의 가치를 부여한다고 말함으로써 그러한 비판으로부터 제 스스로를 방어했습니다. 그것들은 한국인의 정신적 관점을 확실히 보기 위해 필수적입니다. 제 생각으로는 그것들은 제 책에 결코 흠이 되지 않고 필수불가결한 것입니다. 박사님은 제가 좀 더 주의를 기울여서 책의 본문에서 그것들을 분리해서 주석 등의 형태로 쓰는 것이 좋았을 것이라고 말할 수도 있겠습니다. 이 점에서 저의 취향이 잘못되었을 수는 있습니다. 제 글에서 제가 이러한 우화적인 사건들의 역사성을 믿고 있다는 인상을 갖는 사람은 확실히 없을 것입니다. 이러한 것들을 주석에 집어넣음으로써 본문을 중간에 자르면서 글 읽는 것의 지속성을 깨뜨리는 것이 무슨 소용이 있겠습니까. 저는 본문 중에서 이러한 초자연적인 사건들은 단지 전래된 것일 뿐이라고 거의 매 경우마다 언급하고 있습니다. 단군과 기자 등을 다루는 처음 두세 장은 순전히 전래된 이야기입니다만, 이것들을 언급하지 않고 진정한 한국 역사를 쓸 수 있겠습니까? 그 책에서 저는 어느 시점에서 전설을 대신하여 진짜 역사가 시작되는지를 분명히 말하고 있습니다. 저의 한국 역사책은 분석적 방법이 아니라 서술적 방법으로 만들어져 있습니다. 자료의 출처가 하나이기 때문에 다른 관점과 통합하는 것은 가능하지 않습니다.

제가 정확하게 알고 있다면, 일본 역사의 경우에는 초기 역사에 관한 모든 것을 『고지키(古事記)』가 알려줍니다. 최근에 그것을 꼼꼼하게 읽어보았습니다. 그 책과 비교하면 한국의 고대 역사는 전적으로 믿을만합니다. 『고지키』에는 딱 꼬집어 말할 수 있거나, 또는 역사적 사건을 말하는가 보다라고 추측하는 것 이상으로 할 수 있는 것은 거의 한 줄도 없습니다. 진구황후(神功皇后)와 그녀의 삼한정벌설을 예로 들어봅시다. 그녀와 그녀의 행위는 워낙 초자연적인 설화에 파묻혀있어서, 고대 한국의 비교적 동일시대의 사실적인 연대기에 의해 확인되지 않는 한 그 누구도 그 사건들이 역사적일 가능성이 있다는 것을 감히 확인해 줄 수 없을 정도입니다. 그러나 박사님과 다른 많은 분들은 진구의 삼한정벌을 사실상 논란의 여지가 없는 확정된 사실로 받아들였습니다.

한국과 일본의 고대 기록물들의 큰 차이점은 한국의 기록물에서는 초자연적인 것은 예외적이며 일반적인 것이 아닌 데 반해, 일본의 기록물에서는 역사라고 추정될 만한 것조차도 이따금 볼 수 있게 된다는 것입니다.

매달 저는 쪽 수를 늘려가고 있으며, 300부가 인쇄되어 마침내 책으로 제본될 예정입니다. 저는 인명 색인, 지명 색인, 지도 7매, 연대표, 전면 사진 50매 이상을 그 책에 쓸 것입니다. 그 책을 완전히 과학적으로 출간하여 학생들에게 유용하도록 할 것입니다. 제가 미국에서 출판사를 찾는 것은 소용없습니다. 왜냐하면 그 책이 수익을 내도록 하기 위해 규모를 줄일 의향은 없기 때문입니다. 지금 하고 있는 대로, 저는 그 역사책 300부를 완성하여 금화 2달러에 판매되어 큰 수익을 낼 수 있도록 할 것입니다. 이것만이 한국의 완전한 역사책을 시장에 내놓을 수 있는 유일한 방법입니다.

저는 이 편지에서 저의 생각을 매우 솔직하게 말했는데, 이렇게 하는 것을 박사님이 더 좋아할 것임을 알기 때문입니다. 저는 박사님의 의견을 매우 귀하게 받아들이고 있으니, 이 건에 관하여 가능한 한 많은 빛을 비춰주시기를 바랍니다. 위에서 박사님의 이의에 제가 잘 대답했는지 잘 모르겠습니다. 만일 아니라면 제가 박사님의 정확한 뜻을 모르고 있는 것입니다.

저는 [역사적 사건들을] 일반화하는 데 시간을 쏟기보다, 사건들의 가장 명백한 영향력 외에는 힘을 쏟지 않고 사건의 간단한 얼개를 제공함으로써 대중들에게 더 큰 유익을 주었다고 생각합니다. 박사님이 시간을 내시어 박사님의 생각에 관하여 보다 구체적인 말씀을 주시면 좋겠습니다. 제가 박사님의 생각을 잘못 이해했을 수도 있습니다.

박사님이 친절하게 「리뷰」를 검토해 주시어 도움이 됩니다. 저는 「네이션」지와 연결은 없습니다만, 박사님이 언급하신 대로 해 주신다면 매우 기쁘겠습니다. 저의 우편물 발송명단은 길어지고 있으며, 금년 말에는 최소한 돈이 떨어지지는 않을 것입니다. 아펜젤러 씨는 9월에 미국으로부터 돌아오는데, 그는 제가 12월에 「리뷰」를 종료하고 「리포지토리」를 재발간하기를 원한다고 듣고 있습니다. 「리포지토리」는 2년간 중지되어 있었으며, 현재로는 소생할 가능성이 없어서 새로운 세기와 함께 [새로운 잡지를] 시작하였습니다. 편집 또는 언론의 관점에서 제가 이를 그만 두어야만 할까요? 이 문제에 관해서도 박사님으로부터 편견 없는 판단을 듣고 싶습니다. 박사님의 새로운 문학적 도전에 관한 설명을 기쁘게 받아들였습니다. 큰 성공을 기원합니다.

진심을 담아서
헐버트

1902년 5월 26일
서울, 한국

더 코리아리뷰 호머 헐버트 편집자 겸 소유주

그리피스 박사님,

박사님의 기분 좋은 편지가 방금 도착했으며 10달러 금화를 잘 받았음을 서둘러 알려드립니다. 박사님의 「리뷰」 1902년 구독료는 우편료 포함하여 2.25달러일 것이며, 사진들은 1.50달러이고, 우편료 30센트는 별도입니다. 따라서 박사님이 지불하실 금액은 총 4.05달러입니다. 나머지 5.95달러는 사진 등을 구입하는 용도로 제가 보관하고 있겠습니다.

박사님이 구체적으로 말씀하시는 것과 관련해, 앞으로도 오랫동안 부여(Puyu) 기념비의 사진은 구할 수 없을 것으로 우려됩니다. 저도 그 사진을 구할 수 있기를 바랍니다. 이곳[한국]에 관한 모든 것은 일본인들이 사진을 촬영하고 있으며 상점에서 판매되고 있습니다. 어떤 특별한 사진이 촬영될 경우는 그것을 독점적으로 사용하려고 하는 민간인들에 의한 것이며, 따라서 그것을 확보하기는 불가능에 가깝습니다. 훌륭한 사진을 찍을만한 대상은 많습니다만, 사진사를 그곳으로 대동하여 촬영하도록 하는 것은 엄청난 비용이 듭니다. 박사님이 원하시는 것은 마침 우리가 모두 찾아보려고 노력하고 있던 것입니다만, 그것은 결코 확보할 수 없을 것으로 보입니다. 제가 갖고 있는 사진 세트 중에서 몇몇 희귀한 사진들은 지인들이 특별한 호의로 대여해 준 건판에서 확보한 것인데, 그러한 기회는 매우 적고 드뭅니다. '부여' 마을은 서울 정남방 약 100마일 거리에 있으며, 그 기념비는 그 마을의 땅속 혹은 그 아래에 있습니다.

저의 한국 역사책은 약 1/3이 준비되었습니다. 1390년까지의 중세 시기를 완료하였으며, 지금부터는 현 왕조의 역사를 상세히 기술할 것입니다. 1863년 이후에 발생한 사건들만 설명하여도 상당한 분량이 되지만, 물론 이를 합리적인 분량으로 응축했습니다. 언제가 저는 『대한제국의 시작』 같은 책의 저술을 시도할 수도 있을 것이며, 이와 관련한 모든 자료는 목격자들로부터 확보한 것입니다. 이 작업은 제가 아는 한 금년과 내년에 계속될 것입니다. 「네이션」지에 제 글을 언급해 주셔서 대단히 감사합니다. 이는 저에게 큰 혜택이 될 것입니다. 둘째 해에는 저의 우편발송 명단에서 떨어져나가는 사람은 거의 없고 많은 사람들이 추가되고 있습니다. 전체적으로 보아 그것은 재정적인 성공이라고 감히 부를 수도 있겠다고 생각합니다. 아마도 일반 대중이 어떠한 것이든 존재하는 것이 아무것도 없는 것보다는 낫다고 생각하기 때문입니다. 이것은 1인 신문이라고 인정할 수밖에 없을 것입니다. 아펜젤러와 존스는 어느 면에서 그 신문과 관련된 저의 동료이지만, 그들은 다른 일로 과부하 되어 있기 때문에 신문에 글을 쓰지는 않습니다.

모두들 엄청나게 바쁘며, 제가 쓰는 것을 읽기는 하겠지만 제가 쓰는 것을 돕지는 못합니다. 그러나 이러한 심한 난관도 구독자

수에는 크게 영향을 미치지 않는 것으로 보입니다. 저는 『시베리아 클론다이크를 찾아서』라는 원고를 풍부한 그림과 함께 마무리하고 있습니다. 이것은 제 친구가 시베리아 먼 북쪽에서 2년간 흥미로운 경험을 한 것에 관한 글인데, 그 친구가 기록물과 사진들을 저에게 넘겨주면서 작업을 해보라고 했습니다. 물론 이러한 일은 항상 문제가 따르지만 잘 될 것이라고 생각합니다. 박사님의 여러 가지 중요한 문학적 작업이 성공하기를 기원합니다. 「센추리」에 제 글이 실릴 예정인데, 박사님도 곧 보시게 될 것입니다.

진심을 담아
헐버트

[추신] 사진과 관련하여서는 제가 최선을 다 해보겠습니다.

1902년 8월 29일
서울

더 코리아리뷰 호머 헐버트 편집자 겸 소유주

그리피스 박사님께,

박사님의 엽서가 제 앞에 있습니다! 여름 방학이 되면서 제 서재 책상이 흐트러져서 제 우편물이 뒤죽박죽되었습니다. 그러나 제 약속은 틀림없이 지켜나갈 것입니다. 여기 「리뷰」 1월호와 그라비어 인쇄를 보내드립니다. 후자는 제가 이미 보내드린 줄 알았습니다. 서울에서 발행되고 있는 일간지는 몇 가지가 있습니다. 두 개는 한국인들이 발행하며, 한 개는 일본인들이 발행합니다. 제물포에도 한 개가 있습니다. 서재필 박사는 미국에서 의사 업무를 재개하였으며, 펜실베이니아 델라웨어군 프리모스에 살고 있습니다. 현재 한국 학생들이 외국에 몇 명이 있는지를 말씀드리기는 어렵습니다. 미국에 10여 명이 있을 것이며, 유럽에는 그 반정도가 있을 수 있습니다. 일본에는 30여 명 정도 있습니다. 현왕조의 국왕들의 초상화가 존재하기는 하나 일반 대중은 볼 수 없습니다. 현존하는 한국 예술품 중 기념비적인 것에 대해 글을 써 보라는 박사님의 제안은 좋은 생각이라고 생각합니다. 그러나 한국의 예술은 제가 더 중요하다고 여기는 주제들 가운데 잘 해야 16번째 쯤 되기 때문에, 더 거대하고도 실제적인 관심사가 처리될 때까지 기다려야 할 것입니다.

「리뷰」에 기고자가 얼마나 희귀한가, 그리고 그런 어려움을 겪는 곳이 저만이 아니라는 것을 아시면 놀라실 것입니다. 왕립아시아학회 한국지회도 누구로부터도 기고를 받지 못하고 있습니다. 이곳에서 그러한 주제들을 완벽하게 다룰 수 있는 사람들이라고는 오직 선교사들뿐인데, 그들은 다른 임무들을 우선시하고 있습니다. 한국에서 제 잡지에 대하여 적대시하는 사람은 없으며, 모두 구독을 통하여 저를 성심껏 지지해 주고 있습니다. 금년에 1천 명이상을 초과할 것으로 보이는데, 다만 그들은 기고는 하지 않으려고 합니다. 그래서 보시다시피 제가 혼자 합니다.

경주(신라의 수도)의 유물에 관하여 제가 쓴 원고가 1년 이상 제 서랍에 있는데, 엥글(Engle) 씨가 같은 주제에 관하여 더 나은 것을 써주길 기다리고 있으나 아직 아무 대답도 듣지 못하고 있습니다. 저는 일본과의 조약 관계에 관한 긴 논문을 갖고 있는데, 이는 그 주제를 다룬 희귀한 저술로부터 확보한 것입니다. 이것은 일본의 소위 종주국 지위에 관한 문제를 해결해 줍니다. 저는 이것을 적절한 위치에 끼워 넣지 못하고 있습니다. 물론 박사님은 그것이 제가 집어넣는 약한 소재들보다 훨씬 좋을 거라고 말씀하십니다만, 고려해야 할 취향도 다양합니다. 민속적인 것을 더 많이 넣으라든가 뉴스를 더 넣으라든가, 또는 이것저것을 더 넣으라는 호소를 종종 듣습니다. 저는 뒤범벅된 월간지를 만들고 있으며, 그대로 계속할 것입니다. 누구든 시간을 할애하고자 하는 사람을 이 작업에 환영합니다. 그러면 저는 본국 간행물에 기고하면서 훨씬 많은 수익을 내면서 시간을 쓸 수 있을 것입니다. 이 편지를 받으실 즈음에 제 글이 「센추리」에 게재되었기를 바랍니다. 그들은 그 원고를 3년간 갖고 있었으며, 원고료를 이제 막 지불해 왔습니다. 그 글이 제 유작이 되기를 바라지 않기 때문입니다. 제 동생 아처는 『제주도의 여왕』이라는 소설을 최근 발간했는데, 박사님도 보시게 될 겁니다. 그는 이곳에 1년 있었습니다.

박사님이 「뉴잉글랜드」에 기고하신 한국 관련 글에 대하여 제가 논평한 것을 불공정하다고 생각하지는 않을 것으로 믿습니다. 정직한 논평자는 개인적인 요소를 제거해야만 합니다. 그렇지 않으면 듣기 좋은 것만 언급해야 했을 것입니다. 결국 저의 비평은 부차적인 것에 대해서만 이루어졌습니다.

박사님이 보내주신 금액은 아직 제가 갖고 있으며, 박사님이 좋아하실 만한 것은 아무것도 발견하지 못했습니다. 박사님이 원하시는 것에 대하여 좀 더 구체적인 방향을 알려주시면 좋겠습니다.

제 선택으로 박사님을 기쁘게 해드릴 수 있는 기회가 주어진다면 저는 무엇이든 기쁜 마음으로 확보하겠습니다. 미리 말씀드리지만, 일반적으로 보통 매매되는 사진들 이외의 사진을 이곳에서 구할 가능성은 엄청나게 적습니다. 다음 6월에 제 부친이 졸업 50주년 기념행사 참석을 위해 다트머스에 가실 때 제가 따라갈 가능성이 높습니다. 최초의 철갑선(1592년)인 이순신의 거북선 모형을 준비하여 세인트루이스 박람회에 전시하는 것을 생각하고 있습니다. 저는 상세 설계도 등등을 다 갖고 있습니다. 저는 그 박람회의 한국관위원회의 대외협력책임자로 임명되면 좋겠습니다. 그럴 가능성은 적지만요.

　지금과 같은 요동의 시기에는 미국에서 살고 싶다는 생각이 듭니다. 그러나 박사님이 하시는 일을 계속 파악해 나갈 것입니다. 저는 이곳에서 5년 더 체류하게 될 것으로 보입니다. 어쩌면 그 기간을 다 채우지 못할 수도 있습니다.

　각별한 안부를 드리며,

　진심을 담아서
　헐버트

1902년 10월 22일
서울

그리피스 박사님께,

박사님의 엽서가 며칠 전에 도착했습니다. 사진에 관하여 제가 게을렀던 것 같습니다만, 최근 새롭게 나타난 것은 없습니다. 저의 그라비어 인쇄 세트의 몇몇 사진들은 판매되었기 때문에 일본에 연락하여 좀 더 구해보라고 했으며, 제가 확보하는 대로 전해 드리겠습니다. 제가 일본 이름들을 한국식으로 표기한다고 박사님이 저에게 지적하셨는데, 박사님이 한국 이름들을 일본식으로 표기한다고 제가 언급한 것에 대하여 도쿄의 벨그(Baelg) 박사가 아주 부드럽게 저를 비판하더군요.

그 비판은 정당한 것 같습니다. 박사님이 「리뷰」 10월호에서 볼 수 있듯이, 그는 저의 드라비다 기원 이론을 매우 거칠게 다루고 있습니다. 조만간 저는 한국어와 드라비다 언어를 면밀히 비교한 내용을 게재할 것입니다. 보스턴의 Little Brown & Co 출판사에서 방금 발간된 제 동생의 소설 『제주도의 여왕』을 보셨나요?

진심을 담아서
헐버트

1903년 12월 5일
서울

그리피스 박사님께,

좀 더 일찍 박사님께 편지를 쓰지 못한 데 대하여 변명의 여지가 없습니다. 그러나 제가 할 수 있는 최선을 다하겠습니다. 우선 제가 보관 중인 박사님의 금전에 관해 말씀드리자면, 특별한 사진을 확보할 기회가 없었습니다. 「리뷰」에서 보시다시피 제가 구입할 수 있는 사진들은 일반적으로 거래되는 사진들뿐입니다. 시장에서 판매되고 있는 사진들 중 제가 잘 선택하기를 원하신다면, 경치, 공공건물, 유명한 사람, 의상, 관습, 산업 등등의 사진을 원하시는지 여부를 제게 알려주시면 제가 기꺼이 그런 사진들을 구입하겠습니다.

그러나 매우 특별하거나 독특한 사진들은 구하기가 매우 어렵기 때문에 1904년부터는 책에 사진 넣는 것을 중단하려고 합니다. 제가 쓸 용도로 사진을 구할 수가 없다면, 이는 물론 제가 원하는 만큼 박사님이 쓸 사진을 구할 수가 없다는 뜻입니다. 지난 6월과 7월에 저는 미국에 있었으며 박사님 계신 곳을 [판독불가] 중앙선을 타고 세 번 지나갔지만 멈출 수가 없었습니다.

집에 있는 동안 저는 박사님이 보셨을 수도 있는 센추리사 발행 『시베리아 클론다이크를 찾아서』의 교정쇄를 읽었습니다. 저는 「센추리」 7월호에 짧은 글을 게재했으며, 지금은 길더 씨의 요청에 의해 연재할 글을 쓰고 있습니다. 그 이야기는 제주도를 무대로 하며, 한국의 생활관습과 무속신앙을 다소 도입할 것입니다. 저는 또한 「한국어 일본어 및 인도의 드라비다 언어의 비교문법」을 마무리하고 있습니다. 그러나 세월은 유수와 같이 흐르며, 일을 모두 다 마무리하는 것은 거의 불가능합니다. 센추리사는 저에게 극동아시아 전반에 관한 책을 써줄 것을 요청하였습니다만, 설령 제게 시간이 있다고 하더라도 그러한 책을 쓸 만한 자격은 충분치 않습니다. 굴릭스가 쓴 일본에 관한 책을 보셨나요. 저는 그 책을 걸작이라고 부릅니다. 박사님께서 목회 일을 그만두시고 글 쓰는 일에만 전적으로 매진하신다고 들었습니다. 저도 그렇게 하고 싶은 유혹이 강렬하나, 박사님이 갖고 계시는 그러한 자격이 없습니다. 한국은 조만간 러시아의 손아귀에 떨어질 운명인 듯한데, 그리되면 이곳에서 저의 경력은 종료될 것입니다.

저로서는 이 나라에 관한 작은 정보들을 성공적으로 세상에 전할 수 있으면 좋겠습니다. 저는 최근 현 조선왕조의 역사를 한자로 5권 547쪽 이상으로 발간했습니다. 그 책은 이곳에서 불티나게 팔리고 있습니다. 상하이로부터 도착한 최초의 100질은 48시간 만에 나갔으며, 수십 질의 신청이 접수되어 대기 중이어서 그 청구서를 상하이에 보내달라고 전보를 쳤습니다. 저는 그 책에 관하여 엄청난 찬사를 듣고 있습니다만, 그 모든 것들은 크게 에누리해야만 합니다. 아시다시피 한국인들이 지난 120년간 [정리해 놓은] 역사가 전혀 없습니다. 제가 1896년까지 역사를 정리했습니다.

박사님과 부인과 가족들이 모두 안녕하시리라 믿으며, 각별한 안부를 전합니다.

진심을 담아서
헐버트

1904년 1월 8일
서울 한국

그리피스 박사님께,

1904년 「리뷰」 구독료 수표가 동봉된 박사님의 훌륭한 편지가 오늘 아침 도착하였으며, 이에 대해 깊은 감사를 드립니다. 박사님이 말씀하시는 「타임즈」는 아직 도착하지 않았으나, 아마 며칠 내로 올 것입니다. 앵거스 해밀튼이라는 사람이 런던에서 한국에 관한 책을 발간했다고 들었습니다.[12] 그는 이곳에 2주간 있었습니다! 그는 「코리아리뷰」에 있는 자료들을 사용하고 서문에 저에 대한 크레딧을 넣었다고 편지로 알려왔습니다. 그가 「리뷰」를 얼마나 많이 활용했는지 확인해 보고 싶은 마음이 간절한데, 이는 그가 1차 자료를 거의 확보하지 못했을 것이기 때문입니다. 「리뷰」 자료를 그냥 개작했을 것으로 생각되는데, 그러한 경우라면 서문에 [원 자료 소유자에 대한] 어떠한 감사의 말을 넣더라도 유효한 해명이 되지는 않을 것입니다. 그것을 훑어본 후에 이에 관한 진상을 말씀드리겠습니다.

박사님의 편지에는 박사님이 보내주시는 「세계」라는 잡지에 무슨 내용이 포함되었는지는 암시하지 않으셨습니다. 혹시 그 책에

---

12 앵거스 해밀튼(Hamilton, Angus, 1874~1913)이 쓴 『Korea』가 『(러일 전쟁 당시) 조선에 대한 보고서: 1899~1905년 사이의 격동과 성장』(이형식 역, 살림출판사, 2010)이라는 제목으로 번역 출판되었다.

대한 서평은 아닐지 모르겠습니다. 박사님은 아직 저의 『시베리아 클론다이크를 찾아서』를 보시진 않은 것 같습니다. 조지 케난 씨가 그것에 대해 매우 유쾌한 말을 해주었으며, 이 사실을 센추리 사가 제게 전해 주었습니다. 우리는 이곳에서 흥미진진한 시대의 한 가운데에 처해 있으며, 요즘은 그 절정에 달해 있습니다.

제가 듣기로는 왕이 입장을 바꾸고 있으며, 정부가 곧 일본에 대하여 우호적인 입장을 취하게 될 것이라고 합니다. 만약 그렇게 되면 모든 것이 한국에게 좋아질 것으로 믿습니다. 저는 많은 한국의 관리들 및 일본 공사와 협의를 해왔는데, 한국에 머지않아 좋은 시기가 올 것입니다. 오늘 아침 도쿄로부터 도착한 소식에 의하면, 러시아가 완전히 물러서지 않으면 전쟁은 사실상 불가피하다는 징후가 있습니다. 일본에게 한국에서의 지배력을 인정하되 러시아 함대를 동해 해역에 남겨두고 만주를 러시아의 손에 남겨두는 내용의 합의에는 일본이 결코 동의하지 않을 것입니다. 저는 일본이 이 사안에 있어 일반적으로 추정되는 것보다 더 나은 지지를 받고 있다고 믿습니다. 저는 러시아가 마지막 순간에 물러설 것으로 믿습니다. 이는 단지 블러핑 게임이며, 러시아가 집니다. 러시아의 장교들은 블러핑 과정에서 한 발 너무 나갔으며, 일본은 "카드를 보이라(called her hand)"고 응수했는데, 이는 러시아 같은 나라에게는 명백한 외교적 패배입니다. 저는 이곳에서 러시아의 교섭과 방법을 많이 보아왔는데, 그것들은 명백히 아시아적이라고 생각합니다. 한국에 관하여 글을 쓸 사람으로 제 이름을 추천하겠다는 제안에 깊은 감사를 드립니다. 저는 몇몇 사람들만큼 이 나라에서 많이 여행하지는 않았으나, 나라 사정에 관하여 매우 정확한 지식을 갖고 있다고 생각합니다. 아마도 저는 여러 해 동안 여러 지역을 다니면서 이러한 지식을 흡수한 것 같습니다.

한국 정부에 임박한 변화에 따라, 제가 현재 활동하고 있는 것보다 좀 더 상위 영역에서 이 나라 국민들을 위해 무언가를 할 수 있는 기회가 훨씬 많아질 것입니다. 이러한 것에 관하여는 나중에 다시 알려드리겠습니다. 이런 말을 하기는 좀 안타까우나, 한국의 관리들에 대한 어느 정도의 폭력이 없이는 이러한 변화가 거의 이루어질 수 없습니다. 권력층에 있는 두 명은 요즈음 불운에 처해 있으며, 그들이 자초한 그 불운은 거의 회피할 수가 없습니다. 저는 그들이 재앙을 피하기 위한 가능한 모든 방안을 말해왔습니다만, 대체적으로 느껴지는 것은 그들이 비밀리에 국외로 빠져나가야 한다는 것입니다. 그렇지 않으면 한국 사람들 자신들이 그들에게 폭력을 가할 것입니다. 그들은 자신들을 러시아에 팔아넘겼으며, 러시아는 그들을 더 이상 쓸 일이 없으므로 그들을 던져 내버렸습니다. 러시아는 이곳에서 항상 그렇게 해왔습니다. 그것이 러시아가 김홍륙[13]과 김영준을 다룬 방법이며, 또한 어떠한 동양인이든

---

13 함경도 천민 출신이지만, 블라디보스토크를 오가며 러시아어를 익혀 역관으로 특채되었다. 1894년부터 이듬해 사이에 이범진(李範晉)이 러시아 공사 베베르(Veber)와 조약을 체결할 때 우리나라 유일의 러시아어 역관으로서 활약하였다. 1896년 아관파천 때에 비서원승으로 있으면서 고종과 러시아 공사 베베르 사이에 통역을 하였다. 고종의 총애를 받으면서 권세를 남용하고 뇌물을 탐하여 조야의 비난의 대상이 되었다가, 1898년 친러파의 몰락으로 관직에서 퇴진하였다. 그러나 고종의 총애와 러시아의 세력을 배경으로 궁궐을 무상출입하고 독립협회를 모함하였다. 같은 해 8월 러시아와의 통상에서 거액을 착복한 사실이 드러나서 전라남도 흑산도

그렇게 다룰 것입니다. 자, 제가 무의식적으로 헤맸습니다만, 제수다를 너그러이 봐주시기 바랍니다. 신문이나 AP 통신에 한국에서 오는 전보가 실린다면 그것이 무엇이든지 제가 보낸 것입니다. 박사님과 가족들께 각별한 안부를 전합니다.

진심을 담아서
헐버트

로 유배를 가게 되었는데, 떠나기 직전에 고종이 즐겨 마시는 커피에 독약(아편)을 넣어 살해하려고 한 사건이 발각되어 주모자로 사형을 당하였다.

1905년 1월 18일
서울

그리피스 박사님께,

박사님의 편지가 방금 도착했으며, 퍼트남즈 선즈(Putnam's Sons) 회사로부터의 편지도 도착했습니다. 그 제안에 대하여 저는 매우 영광스럽게 생각합니다. 그들은 한국에 관한 책을 꼭 원한다고 말하지는 않았습니다만, 그들이 그러한 책을 출판하기로 결정할 경우 제가 책을 써줄 수 있냐고 문의하고 있습니다. 저는 센추리사를 위하여 한국에 관한 책을 쓰고 있으며, 그 출판사는 이미 출판을 수락하였습니다. 따라서 물론 저는 퍼트남사의 제안을 제가 원하는 만큼 받아들일 수 있는 자유가 없습니다. 저를 그들에게 추천해 주시어 매우 감사하며, 다만 제가 응할 수가 없어 죄송합니다. 저는 『한국어와 드라비다 언어의 비교문법』을 마무리하고 있으며 금년 중 발간할 예정입니다.

제가 한국 민속에 대해 쓴 글들은 모두 합해서 비교 연구를 통해 수정 증보될 것이며, 출판사를 찾게 되면 출판할 것입니다. 저는 "계획 중인" 작업이 빽빽이 들어차서 그중 어느 것은 시작되지 못할 위험이 있습니다. 「코리아리뷰」는 아무튼 지속됩니다. 저는 저의 『한국 역사』 1-2권 800쪽 짜리 단행본을 300질 출간하여 극동아시아에서만 보급되도록 할 것입니다. 저는 한 질을 본국에 보내어, 어떤 출판사에서 이 책을 한 권으로 축약하여 출간할 수 있을지를 문의할 것입니다. 저는 도서관들은 이러한 책을 구입해야 한다고 생각하며, 그러한 도서관들이 충분히 있어서 수지가 맞게 될 것입니다. 이 점에 관하여 박사님의 조언을 듣고 싶습니다. 박사님 책의 신판에 대한 박사님의 설명을 그대로 지난 호「리뷰」지에 게재했습니다. 저는 최근에 서울과 부산 간 철로를 탔었으며, 이에 대한 소감을「월즈 워크」지에 보낼 것입니다. 저는 미국 지리학회에 제주도에 관한 긴 글을 보냈으며, 이는 아마도 박사님도 흥미를 가지실 것입니다. 길더 씨가 요청한 연재물은 언제 끝낼 수 있을지 모르겠습니다만, 부분적으로 준비되었고, 스위트 바이 앤 바이 출판사에서 출판될 것입니다. 저는 만성적으로 글 쓰기가 혼잡한 상태에서 살고 있습니다. 이에 대한 치료방법을 알면 좋겠습니다.

깊은 감사를 드리며 안녕을 기원합니다.

진심을 담아서
헐버트

1905년 7월 3일
서울

Hulbert Feb. 24 Seoul[14]

[편지 윗부분에 첨가한 것 ; 윗부분에 첨가한 것으로부터 연결됨]

하급 관리들이 규율에 엄격한 사람들인 것 같다는 것은 잘 알려진 사실입니다. 일본인들은 그들을 다루는 데 있어 한국인들보다 충분히 낫지는 않습니다. 자, 이만 멈추겠습니다. 박사님이 주신 많은 질문들에 대해 대답이 안 되었습니다만, 저는 계속 염두에 두겠습니다.

진심을 담아서

헐버트

그리피스 박사님께,

박사님의 편지는 며칠 전에 도착했으며, 서둘러 답장을 씁니다. 일본이 러시아에 대해 승리를 거둔 데 대해 박사님과 함께 기뻐합니다. 그러나 죄송합니다만, 제가 일본인들에 대하여 찬사를 보내면서도, 현 상황에 대하여 박사님과 같이 낙관적인 견해를 가질 수 없다는 점을 말씀드립니다. 「리뷰」 6월호에서 현 상황에 대한 저의 견해를 좀 읽으실 수 있을 것입니다. 요약하자면, 일본인들에 대해 면밀히 연구한 결과, 그들이 전쟁에서 아무리 강력하다고 할

---

14 원문에는 상단 여백에 있는 내용임.

지라도 그들은 현재 한국에서 맡고 있는 일을 거의 전적으로 감당할 수가 없다는 결론을 제가 내리지 않을 수 없게 되었습니다. 문제는 그들이 진정한 문명의 질에 있어서 한국인들과 거의 차이가 없다는 점입니다. 일본인들 중 최정예 이외의 사람들로서는 영국인들이 인도인 또는 이집트인들을 도량을 갖고 바라보는 것처럼 한국인들을 바라보는 것이 전적으로 불가능하다는 것입니다.

말씀드리자면, 한국에 온 평균적인 일본인들은 개화의 정도에 있어 평균적인 한국인들보다 훨씬 아래라는 것이 엄격하고 명백한 진실입니다. 한국에 있는 일본 관리들은 거의 예외 없이 가장 부패한 한국인들로부터 큰 뇌물을 지속적으로 받으면서 공정성을 막고 있다고 저는 철저히 믿습니다. 한국인이 일본인에 대하여 이러한 것을 교정할 가능성은 전혀 없다는 것을 알고 있습니다. 한국인들이 공정한 판정을 위해 일본 영사관이나 판정하는 관리에게 호소하다가 내쫓겨난 일 같은 구체적인 사항들을 케이스별로 박사님께 전할 수 있습니다. 만일 단순히 일본 불량배들 수천 명이 한국에 몰려 들어와서 그 일본인들이 아직 그들을 잘 다룰 수 없는 상황이라면 변명이라도 할 수 있을 텐데, 제가 개인적으로 보여 준 사실처럼 사실은 공정한 판정을 하기 쉬운 경우에도 이를 위하여 어떠한 시도도 이루어지지 않습니다. 다른 사람들의 재물을 빼앗아 호화로운 생활을 하고 훔친 재산으로 배를 채워 온, 이곳에서 가장 부패한 관리인 민영주는 지난 보름 동안 20,000원을 지불하여 면책을 확보하고, 지금은 그에게 탈취를 당하고 그의 죄에 대한 명백한 증거를 손에 쥐고 있는 한국인들도 이러한 사건들에 대한 공청회

기회조차 얻을 수 없는 상황입니다. 이곳의 관공서는 뇌물로 매수되어 있습니다. 문제는 일본은 외국에서 일반 교양교육을 받은 소수의 고위 정치가들의 장점에 의해서만 미국에서 평가를 받는다는 것입니다. 그들은 한국 또는 다른 곳에서 그들의 좋은 의도를 성취할 힘이 없는데, 이는 단지 그들 자신의 국민들을 책임 추궁할 만큼 충분히 개화되고 충분히 용기 있는 중간 관리 집단이 제대로 없기 때문입니다. 제가 짐짓 "용기 있는"이라고 하는 것은, 한국에 있는 일본 영사들과 다른 관리들이 불한당들을 재판하여 처벌하려고 하면 그들은 48시간 내에 살해당할 것이기 때문입니다. 이곳의 상황을 마음속에 그리기가 어려울 것입니다. 텍사스의 무법자들 1만 명을 뉴욕의 길거리에 풀어놓은 상태에서 누구도 감히 그들과 맞붙거나 제어하지 못하는 상황을 상상해 보시기 바랍니다. 그러면 이곳의 상황에 대하여 어느 정도 그림을 그릴 수 있을 것입니다. 한국 전역에 있는 선교사들은 일반 한국 민중이 일본인들에 의해 형편없이 취급받고 있다고 한결같이 말하고 있습니다. 10여 명의 불량배들이 어느 사람의 밭에 들어와서 10에이커 또는 그 이상을 차지하고는 "이 부분은 내 것이다" 하고는, 만일 한국인이 저항하면 그는 의식을 잃을 정도로 두들겨 맞습니다. 그가 일본 당국에 호소하면 그 건을 "수사하겠다"는 말을 듣게 되고, 그 이후로는 아무런 진전이 없습니다.

박사님은 제가 편견을 갖고 있다고 생각하실 것입니다만, 가장 분별 있고 냉철한 선교사들의 태도와 비교하면 저의 태도는 온화한 편이라는 것을 확신합니다. 언더우드께 물어보세요, 에비슨께 물어보세요. 그러면 제가 말하는 그 어떤 것보다도 훨씬 과격한 답을 듣게 될 것입니다. (84쪽 윗부분에 첨가된 것으로 연결)

[추신] 저의 『한국 역사』 1-2권이 출간되었는데 300질만 있습니다. 저는 박사님 같은 몇 명의 지인들과 같은 경우를 제외하고, 이 책들을 모두 극동아시아에서 처분할 것입니다. 제가 이 300질을 다 처분하면, 곧 그렇게 될 텐데, 저는 이를 수정하고 축약하여 한 권으로 만들어 미국에서 출판을 추진할 것이며 또는 최소한 유럽 및 미국의 도서관 등에 판매용으로 출판할 것입니다. 박사님께 곧 한 질을 보내드릴 것이며, 제 부친(C. B. Hulbert D. D., South Dennis Mass.)께 5달러를 송금해 주시면 됩니다.

요즈음 이곳은 여러 가지 일에도 불구하고 중요한 시기입니다. 한국인들은 깨어나고 있으며 자리를 잡아가고 있습니다. 제가 「리뷰」에서 취하는 태도에 대해 일본인들은 증오를 하게 될 것입니다 – 최소한 한국에 있는 일본인들 말입니다. 그들은 아첨 이외에는 듣지 않을 것입니다. 스탠포드대학의 Jordan of Leland 총장이 일본에 '뇌물' 같은 것은 없다고 말한 것은 얼마나 웃음거리가 되겠습니까!

헐버트

1906년 11월 8일

서울

그리피스 박사님께,

박사님의 편지와 엽서가 함께 도착했습니다. 저의 새로운 책에 관하여 박사님이 그렇게 즐겁게 말씀하시니 저도 정말 기쁩니다. 제가 일본인들 관련 일에 대하여 설명하는 것이 박사님의 생각과 일치하지 않는다는 것을 알고 있습니다. 그러나 이 나라에 와 있는 모든 선교사들 가운데, 주요 사안에 관하여 저의 의견에 동의하지 않는 사람은 아직 발견하지 못했습니다. 게다가 일본에 있는 많은 선교사들이 이 나라를 방문했는데, 그들은 예외 없이 이곳 상황에 대한 저의 견해를 받아들이게 되었습니다. 한국은 단지 전쟁의 노획물이 되었으며 세계는 이것을 알기 시작했습니다. 제 책이 이러한 상황의 진상을 밝히는 데 도움이 된다면 이는 성공이라고 할 수 있겠습니다. 남의 흉을 지적하는 입장에 있는 것은 즐거운 일은 아닙니다만 침묵을 지키는 것이 범죄가 될 때가 있습니다. 저는 한국 정부에서 좋은 직책을 즐기고 있었으며, 제가 현실에 안주하고 일본인들에 대해 좋게 이야기했다면 저는 큰 횡재를 얻는 혜택을 입었을 것입니다. 제가 일본인들의 편을 들어주거나 또는 침묵하는 태도만 보였어도 저는 그들과 사이가 좋았을 것입니다. 제가 성과는 없었던 사명을 띠고 미국으로 떠나기 전날 일본 공사가 제게 와서는 제가 미국 방문을 포기하면 매우 유혹적인 전망을 제공하겠다고 하였습니다. 그는 저의 여행 목적[15]을 예측했기 때문입니다. 물론 저는 그의 제안을 받아들일 수 없었습니다. 그 여행은 금전적인 측면만으로도 제게 엄청난 희생이 따랐습니다만, 이것은 제가 정의라고 믿는 대의명분을 따라 제가 할 수 있는 것을 했다는 차원에서 일생일대의 만족이 될 것입니다. 일본인들에 의해 심각하게 해를 입은 한국인들에게 어느 정도 정의를 실현해 주기 위하여 저는 밤낮으로 일하고 있습니다.

최근에 저는 좋은 가문의 연로한 과부가 6,000달러 가치의 땅을 빼앗길 뻔한 것을 성공적으로 막아주었습니다. 일본인이 사기로 그녀의 땅을 갈취하려고 했던 것입니다. 어제 저는 한 일본인이 75세 남성에게 60,000달러 상당의 사기를 치려는 것을 좌절시키는 데 성공했습니다. 저는 현재 한 일본인이 위조 서류로 수백에이커의 논을 탈취한 사건의 한가운데에 있습니다. 선교사들은 물론 이러한 사건에 직접 관여할 수는 없습니다만, 저는 전적으로 독립되어 있고 저 자신 이외에 다른 사람에게는 전혀 해를 끼치지 않고 있습니다. 물론 일본인들은 저를 혐오합니다. 그들은 폭로와 공개를 싫어하는 것입니다. 그들은 그들에 대하여 부드럽게 말하

---

15 1905년 11월에 을사늑약이 강제로 체결되기 직전에, 고종 황제가 호머 헐버트를 특사로 임명하여 을사늑약의 무효성을 알리는 친서를 미국 대통령 루즈벨트에게 전달하게 하였다. 헐버트는 자기 임무를 주한 미국 공사에게 통고한 후 바로 출발했지만, 일본의 방해로 루즈벨트는 물론 국무장관 엘리후 루트(Elihu Root)조차도 면회할 수가 없었다. 고종은 1882년에 조선과 미국 간에 체결한 조미수호통상조약을 근거로 친서를 보내어 정상적인 외교행위를 하려 했지만, 미국은 그 뒤인 1905년 7월에 가쓰라-태프트 밀약을 맺어 일본의 한국 지배권을 인정했기 때문에 헐버트를 만나지 않은 것이다.

지 않는 모든 사람을 혐오합니다. 그러나 저는 어떤 박해가 있을 것으로 생각하지는 않습니다. 일본인들은 저에게 문제를 일으킬 경우 그들 자신이 낭패를 겪는다는 것을 알고 있습니다. 일본이 모든 옳은 방향으로 성공하기를, 저보다 더 강하게 바라는 친구는 일본에게 없다는 것을 확언합니다. 저는 그들에 대하여 최소한의 적개심도 없습니다. 그들은 그들 자신이 체결한 조약들을 무시함으로써 문젯거리를 쌓아가고 있다고 저는 확실히 믿습니다.

저는 일본이 강제적으로 한국을 한국인들에게 다시 넘겨주게 될 때가 올 것을 자신 있게 고대합니다. 일본은 결코 자발적으로 그렇게 하지 않고 강제적으로 하게 될 것입니다. 이곳에 살고 있는 우리는 중국이 일본에 대해 느끼는 진정한 감정 같은 것을 알고 있습니다. 그리고 역사가 그릇되지 않다면 일본은 언젠가 프랑스가 나폴레옹 1세 때 당한 것과 같은 수모를 꼭 같은 이유로 당할 것입니다. 박사님은 제가 정치적 이야기에만 전념하지 않기를 원하고 있습니다. 자, 헤버 존스 박사께서 지금 귀환했으며 저에게 일반적인 방향에서 도움을 줄 것입니다. 그러나 솔직히 말씀드리자면 오늘날 「코리아리뷰」의 유일한 사명은 일본의 한국 및 한국 민중에 대한 냉혹한 취급을 폭로하는 것입니다. 하워드 애그뉴 존스톤 박사를 만날 기회가 있으면 이곳 사정이 어떤지 물어보시기 바랍니다.

또 다른 편지지로 이어지는 것을 이해해 주세요. 제가 한국에서 한국어로 헐버트 시리즈 교과서를 출판하고 있는 것에 박사님도 관심이 있을 것으로 생각합니다. 첫 번째 두 가지가 1-2주 내에 출간될 것입니다. 기초 지리 5,000권, 고급 지리 5,000권, 한국 역사 5,000권, 식물학 2,000권, 영어학습 입문서 5,000권 등이 그것입니다. 이 모든 책들이 인쇄소에 있거나 또는 진행 중입니다. 그래서 보시다시피 저는 전적으로 '수지가 맞는' 사업을 하고 있지는 않습니다. 조선성교서회가 출판에 쓸 수 있도록 제가 10,000엔을 지원하게 되었는데, 이것은 기부하는 것은 아니고 추후 상환받을 것입니다. 저는, 말하자면, 조선성교서회의 발행인이 된 것입니다. 이렇게 할 수 있게 된 것은 수년 전에 제가 부동산에 운 좋게 투자한 것 덕분입니다. 이 투자는 아주 흥미롭게도 일본이 한국을 강점함에 따라 가치가 올라갔습니다. 이 자금으로 어떻게든 한국을 도울 수만 있다면 이는 보상하는 상황이 되겠습니다. 제책에 대하여 박사님이 서평을 해주시면 기쁘겠습니다. 비평자는 내용과 형식에 있어서는 결함을 틀림없이 발견할 것이나, 저는 동기에 대한 비평은 받아들이지 않을 것입니다.

진심을 담아서
헐버트

[추신] 제 말을 그대로 받아들이지는 마세요. 존스톤 박사께 편지를 써서 이곳 상황에 대한 그의 견해를 물어보십시오. 남부감리교회 캔들러 주교께도 편지를 써보십시오. 장로회 해외선교본부 소속인 제임스 씨께도 편지를 써보십시오 그들 모두는 이곳에 있었으며 상황을 알고 있습니다. 그들은 전국을 돌아다녔습니다.[16]

---

16 상단에 추가한 내용이다.

1911년 1월 2일
스프링필드 매사추세츠

그리피스 박사님께,

Sage Memorial window에 관한 소책자와 그것에 영감을 준 좋은 생각에 감사합니다. 한국 역사 자료와 관련된 문제는 한국 역사의 다른 어떤 부분보다 지난 100년에 관하여 그 무엇이든 구하기가 훨씬 어렵다는 점입니다. 저는 1392~1909년 왕조의 역사에 관한 개인 소장 원고를 확보하기 위해 엄청나게 노력하였으며, 한국 역사와 관련된 그 무엇이든 해보고자 시간 또는 관심을 기울였던 사람이 저 이외에는 없다는 것을 확신합니다. 제가 아는 한, 이 분야에서 원자료를 통한 연구를 한 사람은 전적으로 저 혼자입니다. 이 왕조의 지난 100년에 관해 기록된 것은, 제가 아는 한, 달레(Dallets)의 『한국 천주교회사』 이외에는 단 한 글자도 없으며 물론 이 책은 교회 이야기 이외의 것은 거의 언급하지 않았습니다. 몇 주 전에 저의 『한국 역사』(「코리아리뷰」에서부터 재인쇄)를 발간했는데 이는 책의 축약을 시작하고 최신의 내용으로 수정 출판하기 위한 것입니다. 몇몇의 개인적 지인들 이외에는 도서관들만 이 책의 구입처가 될 것입니다. 그러나 역사는 끝까지 완전하게 기록되어야 한다고 느껴집니다.

물론 저는 한국이 끝났다고 생각하지 않습니다. 한국은 방금 시작되었습니다. 한국은 서양의 사상을 받아들이는 데 있어 일본이 받아들인 것과 반대방식으로 했으며, 이러한 선택이 국가적으로 나 사회적으로 올바른 것이었다고 장차 입증되지 않을지 여부는 결코 확실하지 않습니다. 그러나 저는 한국이 그 정치적 장래가 어떻게 되더라도 일단 '좋은 부분'을 선택했다고 느낍니다. 다만 제가 이와 관련된 어떠한 역사적 근거를 제시할 수 없어서 유감입니다. 어떠한 근거라도 제가 안다면 제 자신이 그것을 확보하는 데 열을 올릴 것입니다. 프랑스의 한 도서관에는 읽고 소화해야 할 한국 관련 자료가 많이 있습니다만, 저로서는 시간도 없고 그렇게 하기 위한 돈도 없습니다. 무언가 듣게 된다면 박사님께 기쁘게 알려드리겠습니다.

이번 겨울에 순회강연을 위해 태평양 연안에 갈 것 같습니다. 가게 되면 저는 샌프란시스코에서 푸트(Foote) 장군을 다시 만나서 그가 서울에서 미국 공사로 잠시 근무했던 시기에 관하여 상세한 이야기를 들을 것입니다.

진심을 담아서
헐버트

[추신] 박사님의 편지를 다시 읽어보니 한국의 중세와 그 이전 시대와 관련된 뭔가가 있는지 묻고 계신 것을 알았습니다. 아마도 1392년 이전 왕조를 의미하시는 것 같습니다. 고대 역사의 경우, 번역하는 것 이외에는 아무것도 된 것도 없으며, 될 수도 없습니다. 가장 훌륭한 고대 역사책은 한문으로 된 9권짜리 『동사찬요(東史纂要)』인데, 이를 1898년에 브리티시 뮤지엄 도서관에 매각하였습니다. 이것은 완벽한 보고인데, 이외에

도 『문헌비고(文獻備考)』라는 훌륭한 백과사전이 있습니다. 이것은 112권으로 된 방대한 책인데, 제가 1903년에 매각했습니다. 이는 서기 1500년 이전의 한국에 관한 거의 모든 것에 관한 지식의 보고입니다. 제게 시간과 돈이 있다면 그 무엇보다도 이 엄청난 책을 샅샅이 뒤져볼 것입니다. 그 책이 완전히 번역되면 브리태니커 백과사전 전체와 맞먹을 것입니다. 저는 아직 연구가 되지 않은 한문으로 된 다른 책들과 또한 큰 가치를 지닌 한국 책들을 서울에 많이 가지고 있습니다. 한국은 위대한 역사를 갖고 있습니다. 제가 「코리아리뷰」에 게재한 글들을 갖고 계시리라 생각합니다.

당신의 호머 헐버트

1917년 10월 25일
스프링필드 매사추세츠

그리피스 박사님께,

박사님으로부터 소식을 들어 기쁩니다. 전쟁지역에 갔다 올 기회가 있지 않는 한, 강의하는 일은 매우 어려운 일이라는 데 동의합니다. 저는 YMCA의 주선으로 무보수로 육군부대에서 강의를 좀 해왔습니다. 저는 셔터쿼(Chautauqua N. Y.)[17]에서 일하면서 매우 바쁜 여름을 보냈습니다. 그러나 겨울에는 사실 아무것도 없습니다. 남부지방에서 박사님은 일을 좀 찾을 수 있을 것으로 믿습니다. 요즘은 할 수 있는 것 이상으로 할 일이 많은 일용노동자들이 부러울 수도 있습니다. 일본은 극동아시아에서 먼로 독트린을 선언한 것으로 보입니다. 글쎄요, 일본이 그 계획을 실행할 수 있을지는 시간이 말해줄 것입니다. 제가 보기에는 완전히 주제넘은 일 같습니다.

일본에 협력했던 외국인들에 관하여는 제가 박사님께 기쁘게 도움을 드리겠습니다. 그들 중 일부 사람에 대하여는 제가 많이 알지는 못하지만 제가 할 수 있는 한 말씀드리겠습니다.

폰 묄렌도르프(Von Mollendorff)가 초대 해관(海關) 총세무사였다

---

17 1874년 존 헤일 빈센트(John Heyl Vincent) 목사와 사업가 루이스 밀러(Lewis Miller)가 뉴욕주의 셔터쿼 호수 기슭에 있는 캠프장에서 성인교육을 위해 뉴욕 셔터쿼 집회를 조직했다. 모임의 인기가 높아지자 미국 전역에서 다양하고 독립적인 셔터쿼 기관들이 경쟁적으로 조직되고 발전하였으며, 여름 캠프에는 수천 명이 모이기도 하였다.

는 것은 박사님도 잘 알고 계실 것입니다. 그는 제가 한국에 가기 전에 한국을 떠났습니다. 그는 해관을 청국으로부터 독립적인 형태로 조직했습니다. 그러나 위안스카이(袁世凱)는 이것을 바꾸어 청국 해관이 한국 해관 업무를 완전히 이관 받도록 하고 해관 책임자로 헨리 메릴(Henry F. Merrill)을 임명했습니다.

폰 묄렌도르프와 관련된 사람들로는 영국 및 독일 사람들이 많았습니다. 이 사람들 대부분은 묄렌도르프가 한국을 떠난 이후에도 남았으며, 여러모로 경직된 태도로 살았습니다. 핼리팩스[18]라는 사람은 영어통역관 양성학교를 2~3년간 맡아서 매우 칭찬받을 만한 일을 했습니다.

톈진 주재 미국 총영사를 역임한 데니(O. N. Denny)[19] 판사는 1885년 외교 고문에 임명되었는데, 그는 한국의 유능하고 성실한 친구였습니다. 그는 매사에 위안스카이 및 그의 부하의 방해를 받았는데, 그들은 청국이 한국의 독립성을 인정하는 데에서 발생했다고 느끼는 실수를 원상태로 돌리는 데 열중했습니다. 데니 판사가 업무를 추진하는데 미국 공사관으로부터 거의 지원을 받지 못한 것은 매우 불행한 일입니다. 그와 공사관 직원들 사이에는 항

---

18 1883년 통역관 양성을 위해 통리기무아문 부속의 동문학(同文學)을 설립하고 영국인 핼리팩스(Hallifax, T.E., 奚來百士)를 초빙하여 영어를 가르쳤다. 1886년 육영공원(育英公院)이 설립되면서 동문학에 발전적으로 통합되어, 핼리팩스가 육영공원에서도 헐버트와 함께 가르쳤다. 1894년 육영공원이 폐지되고 한성영어학교가 설립되자, 역시 이곳에서 영어를 가르쳤다.
19 그의 기록을 번역한 책이 출판되어 있다. O. N. 데니 지음, 신복룡·최수근 공역, 『O.N.데니 文書』, 평민사, 1987.

상 강한 질투심이 있었으며 따라서 그는 거의 불가능한 과업을 추진하는 데 있어 혼자서 일해야 했습니다. 청국인들은 결국 데니 판사가 해임되도록 하는 데 성공하였습니다. 그의 후임은 그레이트하우스 씨인데 그의 권한은 데니 판사에 비교하면 좀 감소되었습니다. 그는 유능한 사람이었지만, 한국 정부를 위해 할 수 있는 일은 아무것도 없었습니다. 나중에 그는 알코올[중독] 상태에 빠져서 그의 유용성은 사라지고 그로 인해 사망했습니다. (이 사실을 박사님께 말씀드리는 것은 물론 공표를 위한 것이 아니니, 박사님만 알고 계셔야 합니다.)

1886년에 길모어, 벙커, 헐버트 씨가 공립학교를 시작하기 위해 조선에 갔습니다. 처음에 이 학교는 귀족 자제들을 교육시켰으나, 이것이 만족스럽지 않게 되자, 정치적 영향력은 좀 약하지만 보다 진취적인 자제들을 점차 받아들이게 되었습니다. 2년 후에 길모어는 가족 문제로 미국에 돌아갔습니다. 1891년에 헐버트 씨는 조선 정부가 수구적인 성향을 보이며 교육에 대한 관심을 등한시함으로 인해 사직하고 미국으로 돌아갔습니다.

한편, 다이 장군, 닌스테드 대령, 커밍스 대령 등 미국 군인들이 조선 군대를 훈련시키기 위해 채용되었습니다. 그들은 훌륭하게 일을 했으나, 조선 정부의 비진취적인 성향과 미국 정부의 적극적 지원의 부족으로 많은 지장을 받았습니다.

다른 미국인은 정부의 농장을 책임졌으나, 그는 거의 보이질 않았습니다. 저는 그를 만난 적이 없으며, 같은 이유로 그 사업은 실패했습니다. 그의 이름은 맥케이이거나 그와 비슷하다고 생각합니다.

1892년경 르젠드르 장군은 조선에 와서 왕실의 고문으로 일했습니다. 그는 일본의 타이완 원정에도 참가했습니다. 그가 조선에서 한 일이나 또는 그의 임무가 무엇인지에 대하여 아는 사람이 아무도 없는 것 같습니다.

1894년경 벙커 씨는 공립학교에서 사직했으며, 프램튼 씨, 허친슨 씨, 핼리팩스 씨가 그 학교를 책임졌습니다. 그들은 영국인들이었습니다.

1897년에 헐버트는 조선 정부의 일, 즉 보통학교를 다시 맡게 되었습니다. 이는 브라운(J. McL. Brown)이 해관을 책임 맡고 조선의 재건을 위해 많은 일을 할 때였습니다. 조선 출신으로 미국 시민권자인 서재필은 조선에 돌아와서 당시 최초의 신문을 발행했으며, 정부의 고문을 지내면서, 모든 일이 자립적이 되도록 하기 위해 많은 노력을 기울였습니다. 브라운 씨는 조선의 재정을 수중에 잘 관리하고 있었으며, 조선의 전망은 밝게 보였습니다. 그러나 러시아의 영향력이 강했는데, 왜냐하면 일본이 왕비를 암살하였고 왕이 러시아 공사관으로 피신하였기 때문입니다. 나중에 헐버트는 관립학교로 전근하였으나 1905년에는 사임하고 고종의 외교 고문으로 일하게 되었습니다. 러시아의 영향력이 큰 시기에 많은 러시아인과 프랑스인이 채용되었습니다. G__olic[20]라는 사람은 뽕나무

---

20 원문을 해독할 수 없다. 양잠업 관련 외국인으로는 메르텐스가 대표적인 인물이다. "독일인 매르텐스(Maertens, 麥登司)를 고빙하여 인천, 부평 등지에 청으로부터 수입한 뽕나무 50만 주를 식재하고 덕수궁 흥화문 내에 있던 한옥을 개조하여 양잠,

농장을 책임졌으나 실패했습니다. 한 러시아인은 조선 정부에 떠맡겨졌던 유리 사업을 책임지고 있었습니다. 그러나 조선에는 유리가 없었습니다. 한 프랑스인은 우체국을 책임졌으며, 제약요인을 감안할 때 그는 그 일을 훌륭히 하였습니다.

독일어학교가 볼얀[21] 씨의 책임하에 수년간 번창하였으며, 프랑스어학교는 마르텔(Martel) 씨가 책임을 맡고 있었습니다. 중국어학교와 일본어 학교도 있었습니다. 이 모든 학교들은 일본의 한국 점령 때까지 웬만큼 성공적으로 운영되었습니다. 그러나 충분한 재정지원 및 인력 충원은 결코 이루어지지 않았습니다.

한국 정부에 채용되었던 사람 중 가장 성공한 사람 중의 하나는 일본에 악단장(樂團長)으로 오래 채용되었던 독일인인데, 그는 한국에 와서 극히 짧은 기간에 일류 밴드의 장비를 갖추고 훈련을 시켰습니다. 그의 이름은 기억하지 못합니다.[22]

제사시설을 갖춘 種桑所(1886)를 개설하였다. 그러나 야심차게 추진했던 종상소는 1889년 매르텐스의 고빙계약이 해지되면서 그 역할을 다하지 못했던 것으로 보인다."
(오진석, 「대한제국기 人工養蠶會社와 蠶業課試驗場」, 『향토서울』 제85호, 2013, 125-126면.)

21 1898년에 한성덕어학교(漢城德語學校)가 설립되자, 영국과 일본에서 독일어를 가르쳤던 요한 볼얀(Johann Bolljahn, 1862~1928)을 최초의 독일인 교사로 초빙하였다. 그는 1906년 「외국어학교령」에 의하여 한성덕어학교가 다른 외국어학교들과 함께 한성외국어학교(漢城外國語學校)로 통합된 뒤에도 계속 근무하면서 1910년 학교가 폐지될 때까지 학생들을 가르쳤다.

22 1900년에 대한제국 군악대가 창설되고, 1901년 2월에 독일 군악대 출신으로 일본 군악대에서 활동하던 에케르트(Eckert, F. 1852~1916)를 초빙하여 지휘를 맡겼다. 그는 일본에서 국가로 인정된 기미가요를 작곡하였는데, 한국에 부임한 지 겨우 6개월 만인 1901년 9월 9일(고종의 탄신일)에 첫 공연을 가져 칭찬을 들었으며, 대한제국 애국가도 작곡하였다. 애국가의 가사는 몇 차례 바뀌었다.

묄렌스테드(Muhlensteth)라는 덴마크인은 한국에 처음 온 외국인들 중 한 사람입니다. 그는 한국 전역에 걸쳐 전신망을 구축하는 일을 했습니다.[23] 그는 한국에 32년 이상 살았습니다. 그는 약 2년 전에 서울에서 자살했습니다.

1899년부터 1902년, 또는 1903년까지 기간 중 짧은 시간 샌즈(Sands) 씨는 미국 공사관의 서기관직에서 퇴직하자마자, 왕실의 고문을 맡았습니다.[24] 어쨌든 그가 무엇을 했는지는 알려지지 않고 있습니다.

얼마 동안, 한국 주재 영국 영사의 과부였던 졸리(Joly)[25] 부인은 귀비(貴妃)의 아들인 왕자[26]의 가정교사를 맡았습니다. 그러나 그

---

23 한국 최초의 전신선로는 1885년 9월 28일 개통된 한성-제물포(지금의 인천) 간의 전신선으로, 청나라의 주도 아래 가설되었고 한성전보총국이라는 청나라의 기구에 의하여 운영되었다. 그 뒤 1887년 3월 13일 창설된 조선전보총국에서 주관하여 한성에서 부산까지 남로전신선(南路電信線)을 가설하였는데, 초기에는 덴마크인 묄렌스테드(Muhlensteth, H. J.)와 영국인 핼리팩스(Halifax, T. E.)가 기술자로 참여하였으며, 전 공사를 우리의 기술진이 시공하였다.

24 대한제국 시기에 서양 각국과 교섭 업무가 늘어나면서 전통적인 예식을 관장하는 궁내부 장례원(掌禮院) 외에 근대적인 교섭 예식과 황제의 친서·국서 등을 담당하는 예식원(禮式院)을 1900년에 설치하고, 12월 28일에 궁내부 찬의관(贊議官) 미국인 샌즈(W. Sands, 1874~1946)를 예식원 찬무(贊務)로 겸임시켰다. 조선 왕실의 외교 고문이었던 그는 조선 정부에 스위스 모형의 영세중립론을 제안하였다. 그의 저서 *Undiplomatic Memories*, by William Franklin Sands(Whittlesey House : McGraw-Hill Book Company, 1930)가 번역 출판되어 있다. 김훈 역, 『조선의 마지막 날』(미완, 1986).

25 영국은 서울에 총영사관, 인천에 부영사관을 설치하여 운영했는데, 졸리(Clara Agnes Lillie Joly, 1860~1928) 부인은 인천에 주재하던 영국 부영사 졸리(Henry Bencraft Joly)의 아내였다.

26 남편이 1898년 6월 23일에 세상을 떠난 뒤, 그해 10월 황태자 이척(李坧, 나중에 순종)의 영어 교사로 임명되었으며, 순종이 황제가 된 이후에도 영어 교사로 활동하

녀가 그 직책을 수행했는지는 알려지지 않고 있습니다.

콜브란과 보스트윅의 회사(Collbran, Bostwick & Co.)[27]는 한국 황제와 함께 서울에 전차를 부설했으나, 황제 측이 자본의 지분을 지불하지 않아, 그 회사가 전차 노선을 인수했습니다.

한 영국 회사가 1,000,000달러 계약으로 서울의 수도를 건설하였으며 그 사업은 완전히 성공했습니다.

이것이 제가 현재 생각해낼 수 있는 모든 것입니다. 「코리아 리포지토리」와 「코리아리뷰」의 파일을 찾아보시면 박사님이 알고 싶어 하시는 것의 대부분을 발견하시게 될 것입니다.

제가 지금까지 쓴 것이 박사님이 원하시는 것인지는 잘 모르겠습니다. 제가 더 할 수 있는 일이 있다면 알려주시기 바랍니다.

진심을 담아서

헐버트

였다. 1908년 작성하여 졸리부인에게 보낸 「교사주려부인속빙(敎師周驪夫人續聘)」 문서를 보면 수학원(修學院) 교사 신분을 계속 유지하였다.

27 고종과 미국인 콜브란(Collbran, H.)·보스트윅(Bostwick, H. R.)이 합작하여 1904년 서울에 설립한 회사인데, 한국식 명칭은 한미전기회사(韓美電氣會社)이다. 서울에 전차 노선을 부설하고 전등을 가설하는 회사였는데, 1904년 8월부터 1909년 5월까지 31만 1,615원의 순이익을 올리는 회사로 성장하였다. 조선통감부는 러일전쟁에서 승리한 이후 한국에 대한 지배권을 강화하는 단계에서 일한와사회사(日韓瓦斯會社)가 한미전기회사를 매입하게 하였다. 1909년에 일한와사회사가 120만 원을 콜브란에게 지불하는 한편 사채(社債) 50만 원도 인수한다는 계약을 맺어 한미전기회사의 모든 재산과 특허권은 일한와사회사에 양도되었다. 콜브란은 매도대금 전체를 가지고 떠났으며, 자본금의 절반을 투자하고 한미전기회사의 공동소유자였던 고종은 분할대금 분할에서 제외되었다.

Feb 02

그리피스 박사님,

박사님의 편지를 기쁘게 받았으며, 일전에 제가 뉴욕에 있을 때 박사님께 들르기를 원했으나 그리할 여유가 나지 않았습니다. 박사님과 여러 가지 일에 관하여 이야기를 나누었으면 좋았을 텐데요. 워싱턴 회의에서 결코 공포되지 않은 몇 가지가 이루어졌습니다.

저는 『한국 역사』 300질을 개인적으로 출판했는데요, 모두 5년 전의 일입니다. 뉴욕 공립도서관에서 그 책을 볼 수 있을 것입니다만, 구입할 방법은 없을 것으로 우려됩니다.

저는 그 책을 축약하고 최신자료로 수정하고 출판하기를 원합니다만, 한국이 정치적으로 소멸했기 때문에 그 책에 돈을 걸 출판사는 없을 것으로 생각합니다. 그렇지만 한국의 소멸은 영원하지는 않을 것이라고 믿는 이유가 있으며, 언젠가 저의 계획을 실행할 수 있을 것입니다.

진심을 담아서
헐버트

[추신] 저는 항상 집에 있지 않고 스프링필드에서의 일에 관하여 어둡기 때문에 박사님을 위한 자리가 거기에 만들어질 수 있을지는 현재로서는 말할 수가 없습니다만 살펴보겠습니다. H.

길모어에게 쓴 편지

1894년 4월 29일
서울

길모어[28] 님께,

이 편지가 도착할 때쯤이면 귀하의 한 해가 거의 마무리되어 신학교의 긴 방학이 시작될 것이라 생각됩니다. 귀하께서는 이곳에서 일어나는 상황에 대하여 어느 정도 알고 계시리라 생각합니다만, 제가 개괄적으로 다시 말씀드리겠습니다. 우선 김옥균은 이곳으로부터 고용된 암살자[29]에 의해 도쿄로부터 유인되어 상하이로

---

28 육영공원이 1886년 9월 23일에 개교할 때에 헐버트·길모어·벙커가 교사로 임용되었는데, 프린스턴대학을 졸업한 길모어(Gilmore, G. W. 1858~1933)는 아들의 병고와 생활비 부족으로 1889년에 사직하고 귀국하였다. 1889년 필라델피아에서 *Korea from its Capital*이라는 책을 간행하여 육영공원과 한국의 초기 선교활동을 소개하였다.

29 한국 최초의 프랑스 유학생인 홍종우(洪鍾宇, 1850~1913)를 가리킨다. 1893년 파리 체류를 마치고 일본에 도착한 홍종우는 고종의 밀명으로 도쿄에 온 이일직(李逸稙)으로부터 김옥균 암살을 제의받았다. 김옥균을 상하이로 유인하고 총으로 쏴 살해한 홍종우는 1894년 4월 김옥균의 시체를 가지고 귀국하여 홍문관 교리에 임명되고, 고종의 신임을 받았다. 아관파천 이후에 홍종우는 고종에게 조선이 자주독립국임을 내외에 선포하고 조선을 대한제국으로, 연호를 '광무(光武)'로 정할 것을 건의하였다. 이는 대한제국 수립과 황제즉위식의 첫걸음이 되었다.

갔으며, 그곳에서 암살당했습니다. 중국 측은 물론 즉시 그 암살자를 잘 예우하여 군함으로 이곳에 오도록 했습니다. 김옥균의 시신도 동시에 운송되어 대조선의 섬세하고 문명적인 관습에 따라 참시(斬屍)[30]되었습니다. 이것은 엄청난 동요를 일으켰습니다만, 큰 변혁은 민 씨 일족이 조선이라는 배의 밑바닥에 더욱 확고히 들러붙는 결과가 될 것입니다. 이곳의 정치적 상황은 매우 심각합니다. 한국은 세관수입을 담보로 하여 월 2.5% 이율로 소액 단위로 차입해 왔으며, 따라서 점점 스스로 목을 조이고 있습니다.

제 생각에는 전라도에서 (5만 명) 정도의 사람이 봉기하였으며[31] 그들 중 많이 사람들이 무장하였습니다. 저는 정세를 계속 관찰하고 있으며 이 노후한 배는 곧 드라이 독에 들어가 바닥을 문지르고 동시에 폐기판정을 받고나서 고철로 분해될 것으로 예상됩니다.

벙커(Bunker, D. A.)[32] 씨가 어떻게 갔는가에 대해서 알고 계실 것으

---

30 이미 죽은 사람의 시체를 칼로 베는 것.

31 고부 군수로 부임한 조병갑이 동진강의 하류에 필요하지도 않은 신보(新洑)를 쌓게 하고 농민들에게서 고율의 수세를 징수함으로써 700여 섬이나 착복하자, 이듬해인 1894년 2월 10일 동학접주(東學接主) 전봉준(全琫準)이 김도삼(金道三)·정익서(鄭益瑞)·최경선(崔景善) 등과 함께 봉기하여 고부군아를 습격하고 불법으로 수탈되었던 수세미(水稅米)를 되찾아 농민에게 돌려주는 동시에 일단 해산하였다. 이때부터 동학농민운동이 시작되었다.

32 육영공원이 설립될 당시 주한 미국 공사 푸트를 통해 교사 추천 요청을 받은 미국 국무성은 유니온신학교에 교사 추천을 의뢰하였고 유니온신학교는 졸업반인 벙커와 길모어, 재학생인 헐버트 등 3명을 추천하였다. 이들 3명의 교사와 길모어 부인, 의료선교사인 엘러스(A. Ellers) 등 5명이 일행이 되어 1886년 7월 4일 내한하였다. 벙커는 육영공원 교사로 영어를 가르쳤으며, 이듬해 엘러스와 결혼하였다. 1894년 육영공원이 폐쇄되고 학생들이 배재학당으로 옮기면서, 벙커도 미감리회 선교사로 정식임명 받고 배재학당 교사로 임용되었다.

로 생각합니다. 제가 알기로는 그가 간 이유는 단지 그가 학교 재정을 관장하기를 희망했기 때문만이 아니라, 월급 인상을 크게 요구하면서 내리지 않으려고 했기 때문입니다. 알려진 바와 같이 그는 떠났으며, [한국을] 떠났다가 일본에 있던 니인스테드[인시덕] 씨는 전보로 초빙을 받고 월 200달러에 주 6일, 매일 7시간씩 가르치는 계약으로 육영공원을 맡게 되었습니다. 현재의 환율로 하면 그는 월 95달러 금화를 받는 것입니다. [판독불가]는 내게 눈을 찔끔하면서 '니인스테드의 다음 일은 선교일 거야'라고 말했습니다. 그 노신사는 그 아이디어에 대해 크게 만족했습니다.

벙커 씨는 우리 선교부에 지원했으며, 우리가 뉴욕으로부터 들은 바에 의하면 그의 임명이 확정될 가능성이 높은 것으로 보입니다. 그 경우 그는 배재학당을 맡게 될 것이며, 저의 집에서 매우 가까운 집에 살게 될 것입니다.

언더우드는 변함없이 친한 친구이자 엄청난 일꾼인데요, 그를 따르는 선교부의 다른 구성원들과 함께 콕 틀어박혀 있으며, 그 인원이 꽤 됩니다. 게일을 모르셨나요? 예, 그는 똑똑한 사람이지만, 언더우드를 극도로 질시하기 때문에 언더우드가 흰 것을 희다고 말하면 그는 그것이 검다고 단언할 것입니다. 동시에 저는 선교사업에 관한 한 다른 모든 사람들을 다 합친 것보다 언더우드 한 사람을 더 평가합니다.

언더우드 부인은 류머티즘으로 힘들어하며, 항상 별 차도가 없는 듯합니다. 저는 그녀가 왜 몇 년 더 있지 못하는지를 알 수 없습니다. 아펜젤러도 변함없는 친한 친구입니다. 전과 같이 전투적인데, 저는 그와 잘 알기 때문에 제가 그에게 펀치를 되돌려 날려도 저와의 관계에서는 어떠한 마찰도 없었습니다. 우리 선교부의 한두 명의 새로운 사람들은 매 분기마다 제임스 주관하에 언어시험을 치러야 하는 것에 대해 반항하고 있습니다. 예. 저는 그들과 어느 정도 공감하는데, 만약 그들이 언어를 습득하는 데 좀 재능을 보인다면 저는 훨씬 더 공감할 것입니다.

스크랜턴은 많이 변했습니다. 그는 금연을 맹세했는데, 주로 그의 의사가 그의 생명이 금연에 달려있다고 말했기 때문일 테고, 또한 제가 상상하기에는 그가 선교부의 감독이기 때문이기도 할 것입니다. 그는 성직자 복장을 하고, 교대로 설교도 합니다. 그러나 스크랜턴은 감독이 될 만한 사람은 아닙니다. 그는 너무 변덕스럽고 너무 쉽게 흥분합니다. 저는 그를 어떻게 대해야 하는지 알기 때문에 그와 완벽히 잘 지내고 있습니다만, 다른 사람들은 그를 저만큼 잘 알지를 못합니다. 아펜젤러와 스크랜턴은 제가 그 두 사람을 아는 만큼 서로 잘 알지는 못합니다. 두 사람은 상대방의 관점을 서로 이해하지 못합니다. 그러나 우리는 조화로운 공동체이며, 잘 지내고 있습니다.

M. F. 스크랜턴 대부인은 잘 있으며, 한국인들 사이에서 많은 일을 하고 있습니다. 제가 보기엔 그 부인은 박사님이 여기 계시던 대부분의 시기보다 좋은 것 같습니다. [판독불가] 가족이 돌아왔으며, 언덕 위의 좋은 집, 정말 훌륭한 곳에 정착했습니다. 여기에 테니스 잘하는 사람들이 몇 있습니다.[33] 한 사람은 세관에 있고, 다른 한 사람은 영국 공관에 있습니다. 저는 그들과 한두 번 테니스

를 쳤으며, 이번 봄에 많이 칠 것입니다.

량 씨가 중국 공사관에 돌아왔는데, 최소한 테니스에 관한 한 우리와의 오랜 친분관계를 끊었습니다. 그를 거의 볼 수 없습니다. 로이 씨는 즈푸(Chefoo)의 세관에 있다고 들었는데, 그가 여기에 있으면 좋겠다고 생각할 정도로 좋은 사람입니다. 기포드는 일을 제대로 하기 시작했으며, 절반의 시간은 지방에 있습니다. 기포드 부인은 제가 보건대 엄청나게 귀한 일꾼입니다.

성경 위원회는 일단 작업에 착수했으며, 용어 문제에 대하여 오랜 논의가 있었습니다. 결국 11:1의 표결(1명은 게일)을 통하여 로마가톨릭 천주교식 용어를 채택하기로 결정되었으며, 모든 것을 감안할 때 저는 이것을 믿습니다. 우리 선교부는 이 표결을 만장일치로 승인했으며, 성경은 그 용어로 인쇄될 것이라는데 조금의 의심도 없습니다. 가톨릭 측은 그들의 용어가 다른 사람들에 의해 채택될 때 중국에서 그랬던 것처럼 그들의 이름에 '로마'를 붙일 것입니다.

인쇄소와 관련된 저의 작업은 좋은 진전을 보이고 있습니다. 그 인쇄소는 비용을 지불할 수 있게 되었는데요, 작년에 800달러 적자가 난 것을 생각해 보면 좋은 성공이라고 하겠습니다. 올링거의

---

33 헐버트는 서울에서 개최된 테니스 대회에서 우승했으며, 그가 편집하던 잡지 *The Korea Review*에 다양한 대회의 대진표와 성적을 게재하였다. 예를 들면 "The Seoul Handicap Tennis Tournament", *The Korea Review*, 1902년 8월호에는 1902년 서울 핸디캡 테니스 경기 참가자와 결과를 소개하였고, "News Calendar", 「The Korea Review」 1902년 9월호에는 1902년 서울 – 제물포 챌린지컵 테니스 대회 결과를 소개하였다.

원칙은 언문 인쇄물을 대량으로 받을 수 있다면 인쇄소가 비용을 감당한다는 것입니다. 그런데 그는 너무 높은 가격을 책정하여 그 인쇄물을 받을 수가 없었습니다. 저는 어떠한 비용을 치르더라도 인쇄물을 받아야 한다는 원칙을 채택하고 요코하마의 [판독불가] 인쇄소와 같은 수준의 가격을 책정했습니다. 저는 2년 정도 걸릴 만한 일거리를 갖고 있으며, 3200파운드 동력의 좋은 인쇄 장비를 구입하기 위해 미국에 알아보고 있습니다.

저는 지난 11월 이래 1백만 페이지를 인쇄했으며, 220권의 책을 출간했습니다. 한국의 근로자들은 저를 좋아하며, 필요하면 하루 14시간도 일을 하려고 합니다. 물론 몇몇은 잡물 인쇄를 하면서 그렇게 일을 합니다. 제가 나오기 전에 사무실에서 일련의 경험을 쌓은 바 있어서, 근로자들은 제가 그들의 어려움을 이해할 수 있다는 것을 알았습니다. 그래서 그들은 저를 신뢰합니다. 저는 한국의 민속에 관한 작업을 정립하기 위하여 새롭고 멋있는 조판을 알아보았습니다만, 미국의 회사가 거절했습니다. (거절하는 게 맞습니다.) 왜냐하면 원고가 아직 완전하지 않기 때문입니다. 저는 굉장한 역사적 서문을 쓰려고 했습니다만, 아직 끝나지는 않았습니다. 저는 이것을 연판인쇄 방식을 적용하고자 하며, 새로운 인쇄 장비가 도착할 때까지 기다리고자 합니다.

워싱턴의 신문사 직원 카펜터 씨가 이곳에 와서 연합뉴스를 위한 글을 쓰고 있습니다. 그는 귀하의 한국에 관한 책을 그리피스의 책과 같은 수준으로 평가하며, 이러한 의견은 이곳 다른 사람들도 공감하고 있습니다.

제가 갖고 있는 사과, 배, 버찌, 복숭아, 자두나무들에 풍성한 열매가 맺혀 있습니다. 포도, 딸기, 나무딸기는 묵직하게 열매를 맺으려고 합니다. 약 40그루의 과일 나무가 있습니다. 이곳은 전에 살던 곳과는 대조가 되며, 모든 면에서 만족스럽게 일이 진행되고 있습니다.

귀하를 지루하게 하지 않았기를 바라고, 이 편지가 잘 도착하기를 바랍니다. 길모어 부인과 가족들께도 안부를 전해 주시기 바랍니다.

진심을 담아서
헐버트

1895년 6월 9일
서울

친애하는 길모어께,

귀하의 편지는 오늘 도착했으며, 귀하로부터 소식을 들어 기뻤습니다. 귀하가 그곳에서 계속 성공을 거두고 있다고 하니 기쁩니다. 저도 마찬가지입니다만 귀하도 할 일을 많이 갖고 있네요.

자~ 새로운 정권[34]이 급진적 변화를 추진하고 있을 것으로 귀하가 짐작하겠지만, 오래된 서울은 여전히 요동을 치고 있습니다. 요즘은 위안[스카이]에 관한 소식이 없습니다.[35] 그의 별은 졌습니다. 수많은 민씨 일족과 마찬가지로 그도 지방 어디에선가 지내고 있습니다. 그리고 우리의 오랜 지인인 민종욱은 서울에 돌아왔으며 일전에 카드를 내게 보내왔습니다. 이완용은 지금 학무 대신이며, 고희경은 외무아문(F.O.)에서 주사(Chusa)입니다. 허치슨과 헬리팩스가 관립학교를 운영하고 있습니다. 벙커는 가장 좋지 않은 시점에 떠났습니다.

6개월만 더 인내했더라면 그는 견실한 사람 중의 견실한 사람으로 인정되었을 텐데, 세상이 다 그런 거지요. 벙커 부부는 우리

---

34 갑오개혁 이후에 들어선 김홍집 내각을 가리킨다.
35 청일전쟁에서 청나라가 패배하고 4월 17일 청일강화조약, 즉 시모노세키조약(下關條約)이 체결되면서 청나라의 종주권이 부정되었다. 위안스카이가 조정 정치에 개입할 명분이 없어진 것이다.

선교회에 합류하려고 하며, 지금 태평양 중간에 있습니다. 그들은 우리 선교회에 합류할 것입니다. 그들은 귀하가 이곳에 있었을 때 존스가 살았던 그 작은 집에 당분간 살 것입니다. 한국인들은 새로운 신문사를 시작하려고[36] 하며, 나는 그들의 장비를 구입할 것입니다. 내 인쇄소에서 그 장비들을 조립할 것입니다. 나는 활자주형과 활자주조 장비를 완전히 갖추고 있습니다. 나는 내 인쇄소를 일반 인쇄업자들에 대한 공급처로 만들어가면서, 이것을 수익성 있는 구조로 만들어가고 있습니다.

현재 서울에 있는 새로운 얼굴들을 거의 모를 겁니다. 좋은 사람들이 많이 있는데 선교회들 간에는 서로 거리를 두려는 분위기가 좀 더 있습니다. 장로회 선교부는 서울에 많은 인원을 두고 있으며, 옛날 그대로인 언더우드는 항상 고생하고 있긴 하나 강력한 조력자들이 많습니다. 그는 여전하며 '초 받침까지 타들어갈'[진이 빠질] 것입니다. 아펜젤러는 조금도 변하지 않았습니다. 스크랜턴은 '[금연을] 맹세'했으며 복음사역에 열심입니다. M. F. 스크랜턴 대부인은 연약하여 더 이상 버티기가 어렵습니다. 존스는 제물포에 정착하여 훌륭한 일을 하고 있으며, 우리 선교사들 중에서 대부분의 시간을 선교사업에 투입하는 유일한 사람입니다.

「코리안 리포지토리」잡지는 번창하고 있습니다. 우리는 비용을 충당하고도 남을 정도의 구독자를 갖고 있으며, 물론 가장 높

---

36 「독립신문」이 1896년 4월 7일에 창간될 때에 헐버트가 적극적으로 도왔으며, 영문판은 사실상 헐버트가 편집하였고, 삼문출판사에서 인쇄하였다.

은 광고료를 내는 광고도 많이 들어오고 있습니다. 6-7월호에는 한국인의 기원에 관한 저의 글을 게재할 것입니다. 제가 귀하에게 몇 부를 보내드리고자 합니다.

저는 저의 『한국 역사』를 거의 마쳤으며 런던 맥밀란사는 이것을 출판하기 위해서 검토하겠다는 제안을 해왔습니다. 그리고 귀하의 책이 제2판 인쇄에 들어갔다고 들었습니다. 대단한 일입니다! 그 책에 대하여 우호적인 코멘트를 많이 들었습니다. 그리고 유럽의 어느 회사가 그것을 훔쳤다고 들은 것 같은데요. 내가 분명히 들었습니다.

요즘 여기서 테니스 운동이 활발합니다. 5명이 열심히 하고 있으며, 벙커가 오면 6명이 됩니다. 벙커는 테니스 실력이 빠르게 향상되어 지금은 강한 선수가 되었습니다. 귀하도 거기에서 계속 손을 놓지 않고 있는지 궁금합니다. 저는 점점 살이 쪄서 다른 이유보다도 건강상의 이유에서라도 테니스를 꾸준히 하고 있습니다.

부인과 자녀들에게도 안부를 부탁합니다. 나에게는 지금 두 딸이 있습니다.

헐버트로부터

알렌에게 보낸 편지

1898년 4월 6일

학부(學部)는 내가 아무것도 말할 수 없는 것에 대해 질문할 수도 있습니다. 나는 보통학교[육영학원]를 운영하는 데 있어 학부의 지시를 받고 있는 것으로 알고 있습니다. 학부는 영어학교가 보통학교와 구별된다는 것으로 이해하고 있습니다. 내가 제안한 계획은 두 개 학교를 다 성공시킬 수 있을 것입니다만, 만일 그들이 행정적으로 일할 사람들을 제공하지 않는다면 손해 보는 것은 그들일 것입니다.

일전에 학부 대신 교과서를 만드는 것은 나의 일이 아닌 것으로 생각한다고 말했으며, 또한 역사책은 원하지 않는다고 말했습니다. 이러한 상황에서 나는 물론 지금까지와 마찬가지로 두 학교를 위해 최선을 다할 것입니다만, 두 학교가 기대하는 만큼 이루어질 것이라는 희망은 결코 갖지 않을 것입니다.

헐버트

1898년 5월 2일
서울

존경하는 알렌 박사께,

지난 몇 주간 학교에는 큰 어려움이 있었습니다. 보통학교가 위치한 관내에 있는 소학교의 어린 학생들이 소란을 일으키는 바람에 큰 어려움이 생겼습니다. 학생들은 어느 때든 학교 건물로부터 나와서 저의 교실 문 바로 밖에 있는 운동장에서 놀 수 있도록 허용되는데, 이런 상황이 계속되는 동안에는 전혀 가르칠 수가 없었습니다. 저는 불평 없이 수업을 계속 강행하였습니다만, 며칠 전에는 저의 영어 수업 학생들이 바깥 소음 때문에 제가 가르치는 것을 전혀 들을 수가 없는 상황이 되었습니다.

지난 토요일에는 그 소학교의 교사들이 수업 종료 종이 울리기도 전에 학생들을 교실 밖으로 내보냈으며, 그 학생들이 소음으로 운동장을 꽉 채우는 바람에 저는 수업시간을 10분쯤 일찍 종료할 수밖에 없었습니다. 그러나 저는 방과 때까지 학교에 있다가, 소학교의 교사들에게 저의 수업에 지장이 많으므로 학생들을 너무 일찍 교실 밖으로 내보내지 말아달라고 요청하러 갔습니다. 학생들이 학교 구내까지 저를 따라왔으며 저는 돌아서서 학생들에게 나를 따라오지 말라고 말했습니다. 두세 번 말했는데 학생들은 저에게 귀를 기울이지 않았습니다. 저는 다시 돌아서서 따라오지 말라고 경고하였으나 그들이 듣지 않았으므로, 저는 학생 한 명의 손바닥을 펴서 때렸는데, 물론 전혀 상처는 나지 않았습니다. 내가 그 학생을 때린 후에 그 아이는 그 자리에 서서 바라보고 있었으며, 결코 다치지 않았습니다. 그리고는 저는 학생들에게 따라오지 말라고 다시 말하고 교사실로 향했습니다.

제가 교사실에 도착했을 때 십여 명의 학생들은 저의 말을 듣지 않고, 무슨 일이 일어나는가 하는 호기심에 몰려들었습니다. 그때 저는 똑같은 방법으로 학생 한 명을 때렸으며, 상처는 전혀 없었습니다. 이 모든 장면은 많은 영어 수업 학생들이 보았으며, 이들은 저의 진술이 정확하고 제가 가한 벌의 정확한 정도를 증언해 줄 수 있을 것입니다. 그리고는 저는 교사들에게, 수업 방해가 심하므로 수업종료 종이 날 때까지 학생들을 교실에 있도록 해야 한다고 말했습니다.

이것이 제가 알고 있는 이 사건의 전체 상황이며, 한국인들이 추가할지도 모르는 윤색, 또는 위의 진술을 과장하는 것은 모두 거짓이라는 것을 말씀드리고 싶습니다. 저는 영어 수업 학생 중 누구든 불러서 위의 진술이 정확하다는 것을 증언하도록 할 준비가 되어있습니다.

소학교의 교사와 학생들은 이 사건으로 인하여 파업하기로 하였으며, 학부에 이 사건을 보고하였습니다. 학부는 이 사건 보고를 접수하였다고 들었습니다. 저는 이 문제가 철저히 조사되도록 할 용의가 있으며, 만일 저의 진술이 사실과 다른 것이 있다면 저는 그 결과에 책임을 질 용의가 있습니다만, 한편 이 문제에 대한 완전하고 철저한 이해가 있어야 할 것입니다. 이 점에 대해 귀하께서 동의하실 것으로 생각합니다. 바로 이 때문에 귀하께 이 진술을 하는 것이며, 만일 이 문제가 귀하께 회부될 경우, 저의 진술뿐만 아니라 이 문제의 공정한 증인들의 설명을 통하여 귀하께서 이 사건의 진상을 숙지하시게 될 것으로 믿습니다.

제가 귀하의 조언에 따라 첫 계약 만료 후에도 영어학교에서 계속 가르쳐왔으며, 제가 아는 한 그 계약 조건을 전혀 위배하지 않았다는 것을 귀하께서 주목해 주시기 바랍니다.

진심을 담아
헐버트

1900년 6월 19일

* 원문에는 1901년 7월 30일로 기재되어 있음; 공사관 접수 도장도 1901년 8월 1일로 되어있음

서울

존경하는 알렌 공사님,

1899년 11월에 저는 창동에 있는 집을 하나 샀습니다. 그 집 소유자는 그 집에 대한 담보권을 실행한 일본인이었습니다. 그러나 전 소유자는 집에서 이사 나가지 않았습니다. 제가 그 재산을 소유하기 위해 갔을 때, 그 집 점유자는 그 집을 비우기를 거부했습니다. 저는 그와 공정하고 우호적인 해결을 위해 모든 방법을 다 써보았으나, 그는 제가 하는 말을 도통 들으려고 하지 않았습니다. 한국 정부가 저에게 권리증을 부여한 그 집에 대한 저의 권리를 일본 영사도 인정하였으며, 저의 소유권에는 아무런 문제가 없습니다. 그러나 그 전 한국인 소유자가 손해를 입지 않도록 모든 기회를 주기 위하여 저는 다음과 같은 대안들을 제시할 용의가 있습니다.

> (1) 담보권 실행으로 집을 잃은 주장자(점유자)는 내가 그 집 대금으로 지불한 금액(사실상 담보 금액)을 내게 지불하며, 이에 더하여 내가 대금을 지불한 때로부터 다이이치은행의 이자율에 따른 이자를 내게 지불함.
> (2) 그 집을 경매에 부쳐서 최고가에 매각되도록 하며, 내가 받을

금액이 보전된 이후 잔여액은 그 집 소유권을 잃은 한국인에게 제공됨.

(3) 나의 요구 금액과 담보권 실행 당시 그가 요구했던 금액 간의 차액을 내가 그 한국인에게 지불함.

저의 요구에 더 포함될 것은 저로 하여금 재산을 소유할 수 없도록 한 기간 동안 그가 그 재산에 대해 입혔을 수 있는 어떠한 중대 손상에 대해서 변상이 있어야 한다는 것입니다.

진심을 담아
헐버트

1902년 5월 30일
서울

더 코리아리뷰 호머 헐버트 편집자 겸 소유주

존경하는 알렌 공사님,

제가 그 집을 인수받았으며, 그 전 집주인이 집에 있는 사람들에게 그 내용을 통보하였고, 그들이 저의 임차인이 되었음을 알려드립니다.

진심을 담아
헐버트

다트머스대학에 보낸 편지

10월 3일
스프링필드 매사추세츠

러그 씨께,

귀하의 편지는 오늘 아침 도착했습니다. 이상하게도 저는 「필라델피아 코리아리뷰」에 관하여 아무것도 모르고 있습니다. 그러나 저의 「리뷰」 중 빠진 호수와 관련해서는 도와드릴 수 있을 것으로 생각합니다. 1902년의 10개 잡지 가운데 4월호를 제외하고 보내드립니다. 그렇게 되면 귀하에게는 그해의 4월호 및 12월호만 없는 것입니다. 제4권의 12월호를 보내드립니다. 그리고 제3권의 1월호 및 3월호를 보내드립니다.

그러면 귀하는 1902년의 4월호 및 12월호만 제외하고 모두 다 갖게 되는 것입니다. 제가 한국에 연락해서, 그 빠진 2개의 잡지를 확보할 수 있는지를 알아보겠습니다.

학교 교과서 헐버트 시리즈와 관련하여, 제가 금전적으로 지원하였으나 많은 부분은 제가 쓰지 않았습니다. 제가 저술한 것이라고 할 수 있는 2권의 책을 보내드립니다. 한 책은 지리사전(Geographical Gazetteer)으로서, 이는 외국인이 한국에서 출간한 최초의 교과서이며 그 제2판입니다. 그 책은 1891년에 처음 출간되었으며, 매우 널리 판매되었습니다.

다른 책은 기원전 2334년부터 서기 1392년까지의 고대 및 중세 한국의 역사책입니다. 이 책은 극적인 역사를 갖고 있습니다. 일본이 조선을 합병하였을 때 일본은 한글로 된 조선의 역사책이 남아있기를 원하지 않았습니다. 저는 조선성교서회가 판매하는 책을 수천 권을 갖고 있었습니다. 그런데 일본 경찰이 아무런 수색영장이나 다른 승인도 없이 그곳을 수색하고 모든 책을 압수하여 가져가서 모두 소각해버렸습니다.

저는 이를 바로잡기 위해 미국 정부 당국에 호소하였으나, 그들은 이와 관련해 아무 일도 하지 않으려고 했습니다.

저는 저의 기고문들이 실려 있는 영국왕립아시아학회 한국지부의 회보 몇 권을 간신히 확보하여 보내드릴 수 있을 것입니다. 귀하가 이 회보의 전체 세트를 원하지는 않을 것으로 생각합니다. 저는 학회의 4명 명예회원 중 한 명이기는 하나, 그 전체 파일을 확보하려면 대금을 지불해야 할 것입니다. 그러나 현재 환율로 그렇게 비싸지는 않을 것입니다. 아무튼 제 기고문이 실린 호수들을 확보하기 위해 노력하겠습니다.

다른 건인데요. 귀하는 일본이 중국 산동 지방 점령 시 행한 일들에 관한 『스코트 메모랜덤』의 사본을 갖고 계실 것으로 생각합니다. 확실하지는 않습니다만, 이것은 희귀한 것일 거라고 생각합니다. 저는 그 문건의 사본을 우연히 입수하였는데, 그 상태가 매우 좋지는 않으나 읽을 수는 있습니다. 귀하는 그 문건의 양호한 사본을 갖고 계실 것으로 생각합니다. 저는 이 문건을 소포로 보내드리겠습니다.

진심을 담아서,
헐버트

중국 정부는 한자 쓰는 방법에 변화가 필요하다는 것을 인정합니다. 현재 시스템은 매우 성가시며 어렵기 때문에 한자 읽는 것을 배우는 데 7년에서 10년이 걸립니다. 이런 여건에서 대중교육은 불가능합니다. 한국은 대중교육 없이 진정한 성공을 이룰 수 없습니다. 문제는 어떤 알파벳을 채택하느냐입니다. 몇 가지 계획이 제안되었으나, 아직 아무것도 결정되지 않았습니다. 다음의 계획이 마련되었는데, 이는 어느 정도 특별한 장점이 있다고 봅니다.

우선 표의 언어 또는 그림 언어를 알파벳 또는 음성 언어로 바꾸는 것은 매우 어렵기 때문에, 불필요한 어려움에 의해 방해받아서는 안 됩니다. 중국의 한자는 붓, 먹, 저렴한 종이에 쓰는데, 이 방법은 방해받으면 안 됩니다. 왜냐하면 중국인들에게 철펜, 잉크, 윤나는 종이에 쓰는 방법으로 바꾸라고 하면, 현재 사용되는 붓, 먹, 종이 만드는 데 종사하는 4백만 명이 굶어죽게 됩니다.

그 밖에도 글씨를 수직으로 쓰는 중국 방식은 우리의 쓰는 방식보다 좋습니다. 글씨를 아래로 읽어 내려가는 것이 옆으로 읽어가는 것 보다 눈이 덜 피로합니다. 위아래로 써나가는 것이 옆으로 써나가는 것보다 팔을 덜 움직이게 하며, 한문 책에 줄을 치는 것이 영어 책에 줄 치는 것보다 쉽습니다.

그러나 이러한 것보다도, 제안한 알파벳은 다른 이유로 인해 더 좋습니다. 개요로 설명한 것은 500년 전에 만들어진 한글(한국 알파벳)을 적합화한 것으로, 이는 세계에서 가장 단순하고 완벽한 음성 알파벳입니다. 각 글자는 한 개의 소리를 나타내며, 각 단어는 소리 나는 그대로 써집니다. 철자 쓰는 것을 배울 필요가 없습니다. 한국 사람은 1주일이면 이를 잘 읽는 것을 배울 수 있습니다. 그러나 한글은 붓과 먹으로 써지며 중국에 완전히 적합화되어 있습니다. 또한 500년 전에 한글을 만든 조선인들은 만주지방에 13번 방문하여 그곳에 유배 중인 중국의 석학과 협의를 가졌습니다. 그는 조선 학자들을 도왔으며, 그래서 우리는 중국인들에게 중국인 중 한 사람이 한글 만드는 데 참여하였음을 말할 수 있고, 이로써 중국인들은 이 알파벳을 받아들이기가 더 쉬울 것으로 생각합니다. 적합화된 한글이 준비되었으며, 이것은 이 나라의 많은 학자들의 뒷받침을 받아 중국 당국에 제안될 것입니다. 이 제안은 심각하게 검토될 것이며 그렇게 믿을만한 충분한 이유가 있습니다.

난제 중의 하나는 "성조(聲調)"입니다. 중국어의 각 단어는 사성(四聲)이 있으며 그 성조에 따라 의미가 달라집니다. 다른 언어들은 음조를 표시하기 위해 각 음절 옆에 점을 찍도록 되어있습니다. 한자는 그렇지 않으며, 피트만 시스템에 따라 음조를 표시함으로써 어떤 획은 다른 획보다 강하게 합니다.

헐버트

5월 14일[93/13]
루이빌 오하이오

리즈 박사님께,

저는 한국을 완전히 떠나서 인도와 수에즈를 거쳐 크리스마스
아침에 미국에 도착했습니다. 4개월 걸려서 왔습니다. 박사님께
곧 다시 편지를 써서 제가 귀국한 이유에 관해 상세히 말씀드리겠
습니다. 저는 이곳 루이빌에 당분간 살 것입니다. 박사님께 부탁
하는데요, 그곳의 교회에 저의 해임서를 써줄 것과 오하이오 루이
빌 퍼트남 장로교회 앞으로 추천서를 써줄 것을 요청해 주시기
바랍니다.

진심을 담아서
호머 헐버트

*115 우드론 애비뉴

2월 16일
스프링필드 매사추세츠

해롤드 고다드 러그 총무

러그 씨께,

귀하의 편지에 대한 답입니다. 두 권으로 된 저의 『한국 역사』 책은 이 나라에서 구할 수가 없습니다. 그 책은 서울에서 개인적으로 발간했던 것입니다. 제게 몇 세트 남은 것이 있기는 하지만, 서울에 있습니다. 제가 연락하여 귀하께 그 책 한 세트를 보내드리도록 하겠습니다. 저의 『한국어 및 드라비다어 비교문법』 책은 모두 서울에 있는데, 그 책들도 귀하께 보내드리고 싶으며, 그렇게 하겠습니다. 중국어판 『한국 역사』 책은 상하이 북경로 18호 장로회 선교부 출판사에서 발간됩니다. 아마 귀하께도 그 책을 보내드릴 것입니다. 가격은 미미한데요, 2달러, 사실 1달러 이하일 거라고 생각합니다.

센추리사는 『시베리아 클론다이크를 찾아서』 책을 관리하고 있습니다. 귀하가 저의 책들의 전체 세트를 확보할 수 있도록 기꺼이 노력하겠습니다. 머지않아 나올 다른 것도 있는데 이에 관해 계속 알려드리겠습니다.

진심을 담아서
헐버트

[추신] 무엇보다 가장 중요한 작품은 제가 1901~1906년 사이에 편집자로 발행한 「코리아리뷰」로서 몇 세트가 남아있습니다. 이 책들은 한국에 있습니다. 그 6년[의 결과물]은 20달러입니다. 그러나 저의 다른 모든 책을 합친 것에서 보다도 이 「코리아리뷰」에서 훨씬 많은 한국 관련 자료를 얻게 될 것입니다.

헐버트

세이브룩 포인트 타운
다트 도서관 사서. 콜.

다트머스대학 사서께,

저의 간행물, 특히 『한국어 및 인도 드라비다어 비교문법』에 관한 책에 관하여 문의하신 편지를 최근 받았습니다. 저도 한 권 보내드릴 수 있으면 좋겠습니다. 제 자신도 한 권 갖고 있고 싶은데, 한 권도 갖고 있지 않습니다. 단지 몇 권만 남아 있을 겁니다. 미국 의회 도서관에 한 권 있을 테고, 몇몇 대학의 도서관에도 있을 것입니다. 저의 주요 저작 2개는 『대한제국 멸망사』와 『한국 역사』(2권)인데, 귀하께서 앞의 것은 분명히 갖고 계실 터이고, 『한국 역사』는 요즘 발견하기가 어려울 것입니다. 최근에 시카고 대학에 그 책이 없다고 하여 한 권을 대출해 주었습니다. 다트머스 도서관에 저의 책들을 보내드릴 기회가 있을 것이며, 기회가 되는 대로 귀하가 소장하고 있지 않을 듯한 저의 책들 중 어느 책이라도 확보되는 대로 귀하께 보내드리겠습니다. 저는 1901~1906년 6년 동안 「코리아리뷰」를 발간했습니다. 귀하가 이 잡지의 세트를 갖고 계시면 좋으리라 생각합니다. 귀하가 현재 갖고 있는 책들을 알려주시면, 가능한 한 제가 그 세트를 채워 드리도록 하겠습니다.

진심을 담아서
헐버트

1933년 9월 25일
44 페어필드가 스프링필드 매사추세츠

하노버 뉴햄프셔 베이커 도서관

선생님께,

제가 발간한 저술들의 리스트를 원한다는 말씀을 들었습니다. 저는 해변에 가 있었기에 필요한 데이터를 접할 수 없었으며, 그래서 귀가를 기다렸다가 지금 이 문제를 다루고 있습니다. 저는 최대한 협조해 드릴 것입니다만, 한 가지 어려운 점은 귀하가 원하시는 것의 범위를 알지 못하는 것입니다. 책들에 관한 것은 리스트를 만들기 용이합니다. 그러나 저는 다양하고 잡다한 기사들을 써서 잡지에 게재하였으며, 신디케이트 연재물(과 C와 B) – 영국 왕립지리학회를 위하여 한국 군도에 관한 논문도 썼는데, 흥미롭게도 이것이 발간되었는지는 모릅니다. 그리고 이것저것 많이 있으며, 이것들도 리스트에 포함될 수도 있겠으나 귀하가 필요로 하는 리스트에 적합한지 여부는 전혀 알 수 없습니다. 이러한 신문 게재 글들도 포함될 것인지에 관하여 힌트를 주시면 기쁘겠습니다. 제가 6년 동안 발행한, 제가 쓴 글로 구성된 「코리아리뷰」는 연재물로 되어 있으며, 분리될 경우 "한국 여성의 지위" 같은 별도의 책으로 발간될 수도 있습니다. 제가 내용을 상세히 기술할까요? 또는 대체적으로 잡지들을 언급할까요?

제 저술의 많은 것들을 제가 갖고 있지는 않으며, 그 날짜들을 확실히 알지 못합니다. 일부는 의회도서관 또는 뉴욕공립도서관 또는 예일대학 도서관에 있으며, 그곳의 책들은 제가 방문하지 않아도 확보할 수 있습니다. 어떤 방법을 제안하시겠습니까?

진심을 담아서
헐버트

9월 28일
스프링필드 매사추세츠

러그 씨께,

편지 감사합니다. 편지를 읽고 나서 「코리아리뷰」 제1권을 찾기 시작했습니다. 저는 그 잡지의 자투리 호수들을 많이 갖고 있었습니다. 다행히도 저는 1901년 발행 호수의 전체 세트를 보유하고 있는 것을 알게 되었습니다. 이것을 이 우편으로 보내드리며, 귀하가 이제 이 잡지의 전체 세트를 가지게 되어 매우 기쁩니다.

귀하가 갖고 있는 저의 저작물 이외에도 다음과 같은 저작물이 더 있습니다.

> 「줌나강의 신호」 : 1903년 7월 「센츄리」 잡지에 실린 단편소설
> 『안장에서 내려온 조선』 : 1887년 「재팬 메일」에 실린 연재물
> 『한국어와 인도 드라비다어 비교문법』 : 1907년?[37] 한국 서울 감리교출판사
> 「어둠 속의 충돌」 : 1917년 성니콜라스 잡지에 실린 단편소설
> 『일본과 등온의 제국』[38] : 19--?년 클라크대학 출판사
> 「증거 서류」 : 1929년 5막극

---

[37] 1905년에 출판되었으며, 번역본이 나왔다. 『한국어와 드라비다어의 비교 연구』(김정우 역, 경남대학교 출판부, 1998)

[38] 1916년 4월 *The Journal of Race Development*, Vol. 6, No. 4에 실린 글(pp.441-453) 이다.

「한국의 군도」 : 1903년 영국 런던 왕립지리학회 위해 저술
헐버트 교과서 시리즈 : 한국어 1905~1912년
『한국 역사』 : 한국어 1907년
『한국 역사』 (현대) : 중국어 1907년

위의 확실치 않은 날짜들은 의회도서관 자료를 참조하면 확인
가능할 것입니다.

그리고 「더 포럼」, 「윌즈 워크」, 「리핀코트」, 「보스톤 트랜스크
립트」 등에서 출판한 특별한 글도 있습니다만, 제가 그 출판물을
갖고 있지 않으며, 그 제목 또는 날짜도 모릅니다. 제가 매우 많은
것을 쓰기는 했으나, 그 내용을 다 잊었습니다.

그러나 다음 것들은 꼭 포함해 주시기 바랍니다.

「한국의 생존」 – 왕립아시아학회 한국 지부 회보(Bulletin)에 출간
「한국의 국가 시험」[39] – 상기 회보에 실렸음. 왕립아시아학회 한
국 지부 회보(Transactions)라고 해야 할 것임.
한국어에 관한 논문 – 워싱턴 교육부에서 출간됨.
[판독불가] 1904년

매우 산만한 리스트이기는 하나 현재로서 제가 할 수 있는 최선

---

39 헐버트가 「한국의 과거제도(Corean Civil Service)」를 1886년 11월 22일 「뉴어크
데일리 애드버타이저(Newark Daily Advertiser)」에 기고했으며, 이 글이 1886년 12월
16일 자 「하트포트 데일리 신보(Hartford Daily Courant)」에도 실렸다. 김동진 옮김,
『헐버트 조선의 혼을 깨우다』(참좋은친구, 2016)

의 것입니다.

진심을 담아서
헐버트

1907년 6월 7일[40]

스프링필드 매사추세츠

러그 씨께,

귀하의 귀한 편지를 오늘 오전에 잘 받았습니다. 베이커 도서관에 왕립아시아학회 한국지부회보의 전체 세트가 있으면 참 좋겠습니다. 저는 그 학회의 유일하게 남아있는 명예회원입니다. 불행히도, 저는 전체 호수를 간직해왔으며, 이에 대해 저는 제 자신을 심하게 책망합니다. 저는 한국에 연락하여 빠진 호수를 확보할 수 있는지 알아보겠습니다. 아마도 학회는 그 호수들 대부분을 보유하고 있을 것입니다. 각호는 그 자체로 완결되어있기 때문에, 세트에서 빠진 것이 있다 해도 큰 차이가 생기지는 않을 것입니다. 제가 갖고 있는 호수들을 귀하에게 보내드리며, 추가 확보할 수 있는 것은 나중에 보내드리겠습니다. 한 호에서는 1871년 미국의 조선원정[신미양요]에 관한 글이 실렸는데, 그 내용은 7만 자 이상이 될 것입니다. 조선원정 때의 그림을 원정 참가 미군의 후손으로부터 확보했습니다. 그것은 독특하고 귀중한 역사자료일 것입니다.

「리뷰」 가운데 두 권의 없는 호수를 찾지는 못했습니다만, 한국에 보낸 확인요청 서한에 포함했으므로 그것을 확보할 수도 있겠습니다. 만약 확보하지 못한다면 이 애로를 해결할 다른 방안이

---

40 손글씨 편지 원문의 '07'은 '87'로도 보인다. 그렇게 읽으면 1887년이 되는데 편지 내용과 맞지 않으며, 1907년도 완전히 일치하지는 않는다.

있을 것으로 생각합니다.

　왕립아시아학회 회보를 보내는 문제에 있어 제가 너무 간섭한다고 생각하시지 않기를 바라며, 이 회보들에는 한국에 관한 흥미있고 귀중한 내용이 담겨있다고 생각합니다.

　진심을 담아서
　헐버트

1907년 6월 7일
스프링필드 매사추세츠

해롤드 고다드 러그 총무

러그 씨께,

선생님의 [판독불가]월 5일 자 편지에 대하여, 상하이 장로교 출판사는 중국어판 『한국 역사』를 출간했으며, 그 인쇄 원판을 아직 보관하고 있음을 말씀드립니다. 제가 이해하기로는 그 출판사는 판매용으로 그 책을 소유하고 있을 것입니다. 그들의 편지를 볼 때 그렇지 않을 수도 있겠습니다. 그러할 경우, 서울의 H. G. 언더우드 목사께 편지를 보내어 그가 회장으로 있는 한국기독교서회의 판매대에 재고로 있는 책이 있는지를 문의하는 것 이외에는 그 책을 구할 수 있는 다른 곳은 없습니다. 제가 귀하를 위하여 그렇게 문의하여 귀하께 드릴 책을 구해보겠습니다. 제가 그 책을 구할 수 있으면 다트머스 도서관에 기꺼이 기증하겠습니다.

진심을 담아서
헐버트

1949년 7월 1일
44 페어필드가 스프링필드 매사추세츠

러그 씨께,

월요일 밤에 저는 한국으로 떠납니다. 새로운 "대한민국"의 이 대통령의 초청으로 가는 것입니다. 저의 방문기간은 정해져 있지 않으나, 예상치 못한 일로 방해받지 않는다면, 최소한 10월까지 있을 것입니다. 귀하가 흥미를 가질만한 원고 또는 다른 자료들을 구할 수 있을지 눈을 크게 뜨고 찾아보겠습니다. 제가 보내는 것이 있게 되면 모두 도서관에 기증될 것이며, 비용을 지불할 필요는 없습니다. 저에게 편지를 보내실 경우에는 "한국, 서울, 대통령실, 이 대통령 / 전교"로 하시면 됩니다.

진심을 담아서
헐버트

원문

Hulbert to Griffis

May 10, 1892
411 7th Ave New York

Dr. W. E. Griffis.

Dear Sir

Your kind letter in reference to my work on the Korean folklore lies before me forwarded from Korea. I left that country in December returning by way of India and Europe. I only reached this city day before yesterday which explains the delay in answering your letter. I severed my connection with the Korean government because I saw plainly that under the present regime they desired nothing more than a school for interpreters. I had an engagement with them until '94 but at my request I was released. As regards the matter that I printed in the "Mail" I have all along had the intention of preparing it finally for publication in book form and what you kindly say confirms me in that determination. The "Mail" has not nearly finished the material of mine that they have on hand but as soon as they do I shall begin to get the MS together and go over it again carefully eliminating a good deal and making numberless corrections. The form of the book as I had planned it is as follows. First a preface explaining the purpose of the work emphasizing the important position that legends & folklore occupy among historical sources; not of course as being authentic history but as being corroborative testimony. Then will come a historical introduction in which I shall give a concise resume of Korean history from the earliest times. This I am prepared to do as I have looked into and translated a number of best native Korean histories; among others the Jong Kuk Jong Gam the one you mention in your list of works on Korea in "the Hermit Kingdom." This historical introduction will be of value as giving the setting of the legends and tales. They would otherwise be, many of them, nearly unintelligible. Then will come the legends and stories. After there will come a list of Korean proverbs and saws which compared with the Chinese will be found exceptionally pithy and readable. They are in the hands of the editor of the "Mail" and will appear there first. They are accompanied with a running commentary which is often necessary to bring out the precise application. At the end I had thought of devoting one chapter to a general summing up of the subject bringing out clearly the peculiar characteristics of Korean mythology etc so massing theme that one can use the work for a scientific comparison of the Korean mythology with that of other peoples. For see I want to make it more than mere-ly a popular readable book. I want it to make a step in the working out the very mixed problem of the origin, and racial affinities of the Korean people. The whole would make an octavo volume of between two hundred fifty and three hundred pages. I have often thought of communicating with you in regards to it but I hesitated fearing to impose on your good nature. I would like to get your opinion of my plan and any strictures you may make will be most humbly received. I will spare no pains and make the book a success.

The general literary style of the stories as they appear in the "Mail" is very poor. They were thrown together hurriedly. And must be entirely remodeled. I realized that the rhetoric is often execrable. These things you may depend upon will be rectified. I am going to work immediately to rewrite most of them entire.

Would you advise me to append many footnotes referring to the customs habits and history of the Koreans or would you make an appendix for that purpose. Personally I prefer the footnotes. Do you think it would be desirable to have illustrations for if so I can get up some. I sketch enough myself to give an artist who prepares pictures a fair idea of what would be wanted and I have some photographs that might come into requisition. As to a publisher, I thought of applying to Houghton Mifflin & Co of Boston or to Scribner & Co of New York. I thank you very heartily for the interest you have expressed in my work and I trust I shall not disappoint you. It is not improbable that I shall be in Boston shortly and I shall give myself the pleasure of calling upon you. Your aid, so kindly offered, cannot but be a great aid to me. I hope in a day or two to send you a geography of the world in Korean which I published just before leaving Korea. I wrote it in the native characters rather than the more scholarly Chinese because I wanted to help along the good work of popularizing the native characters and weaning the people from their absurd prejudice in favor of the Chinese. This decision on my part insured the financial failure of the scheme but the money has been well lost.

Pardon such a long letter but I could hardly have made it shorter and given you any idea of my plan.

Yours very sincerely,

H. B. Hulbert

Sept 26, 1892
Zanesville Ohio

Dr Wm. E. Griffis:

Dear Sir; -

There are one or two things that I want to get Your opinion on as regards Korea. I know that you are interested in whatever pertains to the advancement of Christian civilization both in that country and in Japan. It is true that those two races differ widely in many points but it is equally true that a Christian education is as necessary to one as to the other. During my six years of work in Korea I took pains to study the conditions underlying the intellectual life of that people and to examine just how far our ideas of education could be carried out there with beneficial results.

I arrived at one or two definite conclusions. The first was that we can never expect Korea and Koreans to carry on any extended system of education on the English basis as has been so largely done in Japan.

There is no likelihood of any overwhelming tide of liberal sentiment such as that which swept over Japan. Everything will go on more slowly, more conservatively and, it is to be hoped, with less reaction than has been felt in Japan. Of course I do not mean that there will be for many a decade any such progress as has been seen in Japan whether slow or fast but I do look for more rapid progress than China will enjoy. The work to be done in Korea is first and foremost to set in motion some sort of sentiment which shall point in the direction of popularising the true Korean alphabet as distinguished from the Chinese. That work has already been begun. Before I came away I saw a change begun in this particular. Koreans have told me that within two decades the Chinese character will be disearded in that country. That was a very sanguine estimate and yet I am sure it will come sooner or later. The reason of this is twofold. In the first place the idea of literary culture can never be eliminated from the Korean mind. Nor would anyone desire to have it so eliminated for it is the one bright spot in the darkness of their lives. The second reason is that the Koreans are coming to see and will come more and more to see that they have not the leisure to prosecute the study of the Chinese character as they have always done. The increasing competition with out side peoples will drive them to some expedient whereby they can retain their literary standing and yet do it at a less expenditure of time and money. This will gradually drive them to their own alphabet and the question then arises; how can they be provided with the requisite material printed in their own character to satisfy their literary tastes.

The answer is found only in the willingness of those who are able to put into good idiomatic Korean various works in science, history, ethics and the like. Now there is a splendid opportunity just at this point to do a very influential piece of work. Efforts should be made to turn the current of the literary life of Korea into new channels. As I have said, the change from the Chinese to the Korean character is bound to come, and the direction it takes will be determined by the kind of works the Koreans find in their native character to be take themselves to. If they find none they will simply transpose the sterile literature of China into their own character and plod along as before but if they find, it may be, only a nucleus of a literature already at hand it will tend to give an impulse in a new and better direction. It was for this reason that I put my work on geography &c. in the native character because while my so doing made it sure that the money invested would never come back it also made it sure that whatever influence the work did have would be in the right direction.

Not only so but this transition time that is opening before Korea is just the time when a thoroughly capable Christian college ought to be founded there on a firm basis. It would give just that much outlet to the literary aspirations of young men and it would be of course in direct line with the reform. It ought to be a practical college fitting men for professional or literary life. Of course the aim must be to bring as much Christian influence as possible to bear upon the students and to so direct their studies that Christian manhood shall always be held up before them as the model. There ought to be in connection with it a printing press from which shall go out a good strong Christian (although not exclusively theological or homiletical) literature. I have the best reasons for believing that such a school would commence its career with an attendance of nearly a hundred men.

You may ask whether the government school does not cover this ground and my answer is that the government school is composed of about twenty eight young men whom the government is training for interpreters.

The nature of that school has changed entirely during the last two years. The main idea is a utilitarian one, that of making interpreters.

That is one of the reasons that made me give up my work in it. The officials who had control of it had narrowed its power for good to that point where it became not worth my time engaging in it. At no time were we able to bring it any where near up to the standard that it ought easily to have maintained. We had no help from our government's representatives there. In fact we were more hindered than helped by them. When I came back to this country last May I went to Washington with the fixed determination to lay the facts before the secretary of state through whom I was sent out there but when I reached Washington I was dissuaded from so doing by Gen. Eaton a friend of my father's. I am no less interested in education in that country, howover. I feel sure that there ought to be founded in that city of Seoul a Christian college independent of the government and carried on in some such way as is Beyrout college or Roberts college of Constantinople. The Presbyterian missionaries there are too shorthanded to think of doing anything in that line. The Methodists who had a fairly good school there have practically abandoned it for various reasons mainly the lack of men. This is a matter that I have been thinking over for the greater part of a year and I am convinced that such a work ought to be begun there. I have a estimated that the land and buildings that are needed would cost in the vicinity of fortyfive thousand dollars. The endowment would need to be in the neighborhood of a hundred thousand or more if possible. Three men ought to be sent to take charge of it and they ought to be carefully selected man.

I have hesitated a long time about broaching the subject for fear that some one might suspect that it was a case of special pleading on my part for an opportunity to go back to Korea in congenial work. I do not by any means deny that it would be congenial to me but I should work as hard in favor of the plan if I knew that I were to have no active part in carrying it out on the field. I want your candid opinion in regard to the whole matter. Do you know of any ways by which I could get the matter well before the public, especially before those who would be likliest to give substantial aid toward its suceessful prosecution? Would there be any use in speaking about it to any congregationalist seeing that the Presbyterian board has occupied the ground? I understand that the American Board decided not to do missionary work in Korea. The question arises whether this would be considered encroachment being as it is a different line of work from that which the Presbyterians are carrying on there. I suppose the Christian men educated in the school would be likely to work with the Presbyterians in mission work and so I can see some reason why the Congregationalists might hesitate to give money for this purpose. But the Congregational church has done such splendid work in this line both in eastern Asia and in western Asia as well that I should like to have them start this school. Besides I am a Congregationalist myself and my sympathies are with them.

If there is a man of wealth who wants to put some of his money into a large benevolence this is a splendid opportunity. A nation of fifteen millions of people. A nation just starting out in the course of international life and growth. A nation that stands in the most important strategic position of any in Asia, with China on one side Japan on another and Russia on the third. It is almost if not quite the last great integral nation where there is an opportunity for a great leading school to be founded. Turkey, Syria, India, Siam, China, Japan all have theirs. Korea has once and a half as many people as Turkey in Europe, almost twice as many as Persia and more than twice as many as Syria. Some one ought to be found who would be proud to give the whole sum that is necessary or twice the sum if need be. In presenting the matter of a college in Korea it would not be a favor that I was asking but an opportunity that I was offering. I should be glad to hear from you in regard to the matter.

Yours very sincerely,
H. B. Hulbert

Nov. 16th. 1892.

Zanesville Ohio

Rev W. E. Griffis D. D.

Dear Dr. Griffis: -

Your note today reminds me of what I had intended to a long time ago. I did not know that there was any need of haste in the matter or I would have attended to it at once. My Korean notes were all put away and I was intending to look up the matter at the first opportunity but I hardly have a minute fee my own private work so you must pardon my delay. I have been looking over my papers to find the names of certain men and I find only two that could be called great literary lights in Korea unless you include KI JA (Ki Tz of the Chinese)who colonized Korea 1122 B. C. and introduced the literature of China. The two men to whom I refer are <u>Say Jong</u> and <u>Choe Chi Won</u>. The former was the fourth king of the present dynasty in Korea. Among his most important acts are the following not all in regard to literature but they will show you something of the man.

He made the first copper type.

He ordered the men who wrote his prayers for him not to write petitions for him but for his people.

He ordered the burning of all the books of superstitions and witchcraft.

He corrected with his own hand the Cha Chi Tong Gam and

published it in proper form for the instruction of the young.

He superintended the making of an alphabet and published the Hoon Min Chong Eum in which the principles of the new alphabet were set forth.

The other man, Choe Chi Won, was a much greater man from a literary standpoint but he did not have nearly as good opportunities for benefiting the people as the other. He lived more than six hundred years earlier than Say Jong. At twelve years of age he went to China and prosecuted his studies and finished by taking the very highest honors in the civil examinations there. He then set out to see the world. He travelled through China, Thibet, Persia and is said to have even visited Arabia. When he returned to his native land he was immediately raised to the highest rank and the whole conduct of the educational department of the government was put into his hands. But his superior wisdom and refinement was so obnoxious to his envious fellow courtiers that he was finally compelled to leave the court and be take himself to the mountains where he lived a hermit life and spent his time writing histories. This is the man to whom educated Koreans look up as being their greatest scholar and literary genius. If you want two names these two, Say Jong and Choe Chi Won, are doubtless the ones to use. If you want only one the question is whether you want the one who did the most practical good or the one whom the Koreans consider the greater. For my part I should prefer to see the name of Choe Chi Won. The oe in the first part of the word is a diphthong and is difficult to pronounce but I could transliterate the sound in any other way. Very many thanks to you for suggesting my name to Mrs Basset of Chicago as a candidate for membership in the Folk Lore society. I am preparing a paper for them now as I get time.

Yours very truly,

H. B. Hulbert.

P.S. of course the Royal title <u>Tai Wang</u> is put after the king's name So it is always written <u>Say Jong Tai Wang.</u> It might be better to say <u>Sei</u> instead of <u>Say</u> although the word is exactly our <u>Say.</u>

H. B. Hulbert

Dec. 13, 1892
Zanesville Ohio

My Dear Dr. Griffis; -

I trust you received the letter giving the names of the celebrated Koreans and I hope too that you succeeded in getting one or more of them put on the building of which you wrote me.

I have prepared for the press all the MS. of my Korean legends that I have here and I am waiting to hear from the editor of the Japan Mail who has in his hands the rest, about one third in all. I have written him twice about it and asked him to send me either the copies of the Mail which contain the stories printed or else to kindly return me the MS. I do not know why he does not reply. I have every reason to believe the matter was all printed but I have not seen copies of the Mail since coming to this country and so am not sure.

I wonder if you take the Mail and if you keep the copies of it on file. If you do, would you be kind enough to turn to the issues of Nov. and Dec. and one or two following month of 1891 and see whether they contain any of my stories. I had a letter from the editor about that time saying that the news about the earthquake had crowded out all other matter for a short time but I inferred that he intended to continue as soon as that matter blew over. You might find it more readily by referring to the index which they send once in six months or so, if you happen to have a copy of it. Would it be too much to ask you to let me take such issues as you have of the Mail subsequent to Nov. 7 1891 which contain any of my stories? I would take the best of care of them and return them with scrupulous care. I did not keep a copy of the MS. as I sent it to the Mail and now I find that unless I can get hold of those old copies I shall have to do the work entirely over. It would make me a great saving of time and labor.

I have been very kindly invited to read a paper before the congress of the Folk Lore society in Chicago next summer and have accepted the invitation. I do not forget that it is through your kindness that I enjoy these opportunities. I trust that I shall meet you at that time without fail.

Yours very cordially,

H. B. Hulbert.

Dec 19, 1892
Zanesvinle[sic] Ohio

My Dear Dr Griffis: -

Your kind letter came today and I was deeply chagrinned to learn that I was not in time with those names. It was al[sic] my fault and I am ashamed of myself for being so thoughtless.

In regard to the matter that you so kindly offer to look up for me in the mail I will say. If you find anything there of mine I should be deeply grateful if you would have it copied by a typewrier[sic] and sent to me. Can you have it done without great inconvenience to yourself? If you cannot, let it go and I will wait till I hear from Japan.

Let me know what the expense will be and I will send the money immediately.

I trust that in leaving Boston you will be called a position of still greater usefulness.

Yours most sincerely,
H. B. Hulbert.

When the sermon comes I shall read it with great interest
H

Dec 11, 1893

Seoul, Korea

My Dear Dr. Griffis

Your pleasant letter came yesterday & I hasten to answer. In the first place I must thank you for your kind wishes which I appreciate. I find some considerable changes here when I compare the present condition of things with that which prevailed when I left two years ago. The inevitable competition between the Korean & their more energetic and businesslike neighbors has worked out some rather sad results for the Korean. It is becoming daily more evident that the Korean must wake up and go to work. They must soon learn the lesson that large business on small margins is better than small business on immense margins. A Korean seems to think that any profit less than a hundred percent is not worth looking at. There is a growing discontent among all classes. One reason why the Koreans are not able to compete with the Chinaman and Jap is because the latter are exempt from all government taxation which seems to me to be quite unjust. Why should foreign merchants in Seoul not pay taxes as the Korean merchants do? This government is slowly learning in the hard school of experience that her neighbors for all their expression of friendliness are perfectly willing to tread the Korean nation under their feet if by so doing they can make elbow room for some of their superfluous millions.

I have as yet been able to do no independent work of any kind nor have I had time to write anything. The work of getting this press into running order has been a most arduous one but I begin to see my way out now and I shall soon get to work again.

Your suggestion as to a work on Things Korean strikes me as being a very valuable one and it will receive my early attention.

As to the Korean Repository I intend to give some attention to it soon but it will be in the form of a quarterly probably. The last incumbent put the bulk of his time and energy into that to the neglect of his regular work which error I shall studiously avoid.

There are a hundred questions crowding up in my mind for consideration among which is a comparison between the Japanese pronunciation of the Chinese with a view to discovering if possible whether the two derived their pronunciation from the same or from different provinces of China. I have also been wondering if the time would ever come when the "Story of the Nation" series would include China Korea & Japan. It ought to do so and I should like to have a hand in it. Korean History is my special Fad. I am now having the Tong Kuk Tong Gam copied. It is a heavy 27 volume work and gives a most thorough and interesting account of Korean history from the earliest times. I have already translated another Korean history of even greater value & these two together with others in my possession will furnish abundant material for a history of Korea. I am committed to that work and am fully determined to carry it out sooner or later.

I will try to get together a collection of things printed here which may interest you & forward them by the next mail. In fact I think

I will send you by this mail some of the proofs of our mission report which will give you some idea of the work of our mission at least and it will be a fair indication of all mission work here.

Dr. Underwood is here and hard at work. He is quite indefatigable. Tracts come pouring in from him and others as well in quite a continuous stream which keeps us at high pressure all the time. All are well & I will remember you to them at the first opportunity.

If you want a curious thing sent to Rev. E. E. Rogers for a photograph of a Korean Map of the world which I sold to the British museum & which they consider a treasure. These photos are for sale at something like a couple of dollars. There are only half a dozen or so but he will let you have one.

I assure you that I shall write to Mr. Schuety of Leyden and do what I can to get a foothold there. Many thanks for the suggestion. I will write you as I have opportunity. If you take the Japan Mail you will see squibs of mine from time to time. Good for Noyes.

Yours most cordially,
H. B. Hulbert

Jan 5, 1894
Seoul, Korea

Dear Dr. Griffis

I have no time to write today but I send you a full set of the Repository as it appeared. There are but a few sets complete and I obtained this as a special favor. If you will you may send the price ($2.8o) to Rev. E. E. Rogers, Zanesville, Ohio and tell him it is for me. I trust it will prove of interest to you.

Yours very sincerely,
H. B. Hulbert.

Nov 9, 1894

Seoul

Dear Dr. Griffis,

As you have seen, we are about to go at work on the Repository again and as we believe at an opportune time, especially so far as the East is concerned. Might we hope to have an article from you sometimes during the first four months of the new year on the significance of the new movement here. You could give us something on that line that would be of great value to us. These are great days for Korea. I am just printing a translation of the new Constitution of Korea gotten up by the Council of State under Japanese direction. Will send you one.

Yours very truly

H. B. Hulbert.

Nov 30, 1896
Seoul

Dr Griffis-

Dear Sir-

When I returned to Korea in 1893 I immediately plunged into the interesting field of Korean History. I found a man who for 6 years was a secretary to His Majesty and who had spent fourteen years in working up the history of the present dynasty. I have also had access to some rare manuscripts which help me to carry the ancestry of Ki Ja back some thirteen generations and which give a detailed account of the Ki Ja dynasty. This is a MS that has just come to light in Pyong Yang among the descendants of Ki Ja himself. This work is now being copied for presentation to His Majesty and I have been able through my teacher to see advance sheets of it. But the most interesting part is the light which these Korean manuscripts cast upon the Japanese Invasion in 1592-1598. In the history of Korea which I hope soon to publish I have about a hundred pages devoted to that war and I am sure it will be of intense interest to all who know anything about Japanese history. For instance the fact that Hideyoshi met his death at the hands of a Chinaman, by poison, and that a Korean slave at Hideyoshi's court was the only one cognizant of it and brought the details of the event to Korea later, where it has remained ever since hidden in the native MSS.

What I am very anxious to find out is the exact relation that the colony of Japanese in Fusan held to the Korean government. From the end of the Invasion, say 1600 till 1868 a colony of 300 Japanese lived at Fusan, supported by the K. government and called "The Frontier Guard". The Koreans claim, and with apparent reason, that this was a colony of hostages held by Korea. I would like to know what the Japanese believe and hold on this subject. Why should the govt have supported them unless they were hostages. If it had been a Japanese garrison the Japanese govt would have supported them & if it had been a colony of traders they would have supported themselves. It is impossible to conceive that for three centuries Japan could have made Korea support a Japanese garrison in Fusan. Again, the moment the K govt ceased to feed them they were withdrawn. This also looks as if Japan felt justified in withdrawing her hostages when the K. govt ceased to provide for them.

Have you ever run across the absurd tradition that after the invasion Korea demanded and received from Japan annually for a time 300 skins of Japanese unmarried girls. The Koreans here offer to show me three hundred of them stowed away in one of the arsenals of Seoul. I am going to keep them to their promise. The tradition goes on to say that Japan asked to be let off from this and in lieu of this tribute offered to put 300 hostages in Fusan permanently, to be reviewed every year or two. The idea of taking the skins of unmarried girls was, so tradition says, to keep down the population of Japan and make another invasion unlikely. With many regards yours

H. B. Hulbert

I am publishing now in Shanghai a history of this dynasty in Chinese 600 pp. 5 vols. also am printing here a history of Korea in native characters for schools.

HBH

Apr 29, 1897
Seoul

Dear Dr Griffis,

Your note with check came some days ago and has remained
unanswered too long. I am sending you herewith a full set of the
Independent from the beginning. The first numbers are very rare
but I fortunately have several full sets. For the first few months
I wrote all the editorials for Dr Jaisohn but he gradually got into
harness and save for an occasional snag in this most elusive of
languages (English) he gets along nicely. As the subscription price
is $6.00 a year from Jan 1897 your check will not cover it but
I venture to have him put your name down for the paper regularly.
I will ask him to mail it to you weekly, three numbers together.

Day after tomorrow I enter upon the duties of a five year's contract
with the Korean government with a view to the establishment of
a national system of education. For the first two years it will be
mainly the preparation of a series of text books in the vernacular
and the training of a corps of teachers, then will come the
establishment of schools in the country; at first in the provincial
capitals and gradually in the rural districts. There is a life work
in it. I already have two of the text books nearly finished and
have others on the stocks. I have the full run of the govt printing
office and so can publish any of these text books as soon as the
MS is ready. I am also getting other foreigners to work up text

books in their special branches, such as physics, physiology, chemistry and the like - natural sciences in which I have never taken any particular interest and I shall confine myself to Mathematics, History, Geography and political science. Eventually we want to bring in civil service ideas and make an education along these lines a sine qua non of official position.

We are all very well but a month ago we lost one little boy 13 months old. It was a heavy loss to us.

I will look up the other matters which are covered by your check & report. The Repository is $3.84 silver. The full file of Independent is $1.00 for 1896 and $2.00 for 1897 to date. Postage will be a few cents. I will reckon it all out.

With best regards to yourself & family,

Yours H. B. Hulbert

Feb 18, 1900
Seoul Korea

Wm. E. Griffis, D. D.

My Dear Doctor: -

Your note came the other day and was very welcome. I had been thinking of writing you for some time, but I fear that total depravity works out in me in the form of procrastination. Hence the result of my good resolutions. As to the Repository it was suspended at the end of 1898 but was kept up for a short time in a sort of leaflet that was sent out weekly during a part of 1899. It did not amount to much however and would have been of little value to you I imagine. I have every reason to believe that it will be resumed again some time this year, probably about June. When I went home in the fall of 1898 Appenzeller asked me to take the chief editorship of it when I came back and I promised to do so but when I returned things did not look cheerful and the thing was dropped for the time being. My active connection with the magazine ended in 1897 when I left the mission and reentered the government service. When the time comes to resume, however, I shall be on the editorial staff. At least I have so arranged with Appenzeller. There is a good deal of call for the paper, specially from Russians. Those northern neighbors of ours are deeply interested in us here and the time will soon come when we will see nore[sic] of them than we have. I only hope Japan will wake up in time.

I have had a long hand time getting the history of the present dynasty in Korea printed in Chinese in Shanghai but it is almost done now and will be out this Spring. It is in five volumes and will circulate somehow in Korea and China. Possibly in Japan too. Dr Allen urges me to publish my history of Korea (English) immediately. He has examined the MS and is greatly interested in it. A firm in Shanghai will do it in good shape and at a very small figure and I have about concluded to do it. If so it will be by subscription. You will receive notification of it. It will be 800 pages, I fear, with illustrations and all, but I have no time nor inclination to out it down. It will have to go as it is.

I am in charge of the Government Normal School intended to fit men of positions in schools throughout the country but the utter collapse of all decent government gives little hope of anything in the near future and Japan and Russia fill the more remote future so completely that I am in doubt as to the value of my work. Its greatest value will be in text books that I am preparing. The people will be here at all events. I have remembered you to friends and they return the compliment. Kindly give my regards to Mrs Griffis.

Yours very sincerely,
H B Hulbert.

December 20 1900

The Korea Review

(Answered Mar 6, 1901)

Dear Dr. Griffis

I am sending you in a day or two the prospectus of our new monthly illustrated magazine - The Korea Review. It will be much along the same lines as the Repository but I shall have rather less to say about politics. To my mind the Repository was never particularly happy in its political talk. One needs to have some inside knowledge to talk on such matters to edification. My attitude will be one of friendliness to the government while not trying to excuse its faults. My position of course demands this. I trust that if you take the magazine you will find it no less interesting than the Repository was. If you could conscientiously give us a word of commendation in our new venture I should appreciate it very highly. You will notice that I am making a special department for the answering of any questions about Korea. This is specially for foreign subscribers and I hope you will send me very soon some questions that you want answered. I can promise that your questions will be submitted to those who are best qualified to answer them. I am going to print my History of Korea serially in the Review and as it is the first work of its kind I trust it will be not without interest to the people who keep Korea in mind, as I know you do. I was glad to shake hands with you across the pages of the Bulletin of the Am. Geog. Soc. even thought it is a far cry from the Heaths and Hollows of Holland to those of Korea. The Japan Mail selected your article and mine for quotation in their columns. The first number of the Review will be mailed late in Jan. for I have only just learned that the Repository is, for the present at least, defunct. I solicit for my new venture the same generous patronage and support that you gave to the publication. I trust this letter will find you and your family in good health. Wishing you the compliments of the 20th Century I remain

Yours very sincerely,
H. B. Hulbert

I now hold a double position under the government that of Head Master of the Normal School and Professor of English in the new Middle School

April 9 1901
Seoul Korea

Dear Dr Griffis

Your note came by today's mail and I was very glad to hear from you in regard to the Review. You were very kind to mention the magazine in the Nation and elsewhere. Of course all these things help. Evidently you had not received the first number of the magazine when you wrote but it must have reached you soon after for it was mailed the latter part of January. I trust you will find it interesting. I am laboring under several disadvantages. In the first place I supper for lack of room. The history takes up twenty pages in each number which is not too much if I am ever to finish it. Even so it will take three years to complete it. I may have made a mistake in putting it in but I hope not. I am limited to 48 pages for the reason that the probable circulation at the price I am charging is not enough to stand more than this. If I find that my circulation rises up to 400 or so I shall enlarge the magazine to 60 pages. I have noted your suggestions carefully and some of them, you will notice, I have already carried out. A second difficulty is that I cannot afford to illustrate freely. This is a severe drawback. I have overcome it somewhat by the publication of the Review Album of which you will find notice in the February number. I am having good success with it. The pictures are very special ones and I think are excellently gotten up (by Japanese) but they are expensive. I have to charge 10 cents (Japanese) for them but if the subscription to the Album should run up to 300 I could reduce the price by 1/2. You see I am trying merely to meet expenses, not to make any money out of it. In time it may become a paying concern but for a year or two I am content to make ends meet.

I have so much matter on hand and the space is so small that I am almost compelled to enlarge the magazine. I shall probably add four pages to the April number. But of course I have to go rather slow on extras. I shall be glad to mention the work of which you speak "Verbeck of Japan." G. E. Stechert of 9 W. 16th St N.Y. is my agent in US and as he is an importer of foreign works and periodicals he will doubtless know about where to place the Review as far as libraries are concerned but if there are any special places where you think it would be worth while to send sample copies I should be glad to get a list of them and in sending mention that it is at your suggestion. This would be of material advantage to me. I think you will find that in many points the Review is an improvement on the Repository. They are doing better press work now though of course far from perfect. If I go home in 1903 as I hope I shall bring back the necessary outfit to do my own printing. I want the magazine to be gotten up in really first class shape. At present half tone pictures and photogravure cannot be printed in this body of the magazine. The presses here cannot do fine enough work for that. It has to be done separately in Japan. I enclose with this a sample picture from the Album which will give you an idea of the style. The paper is heavy and find (American).

I rather think you will approve of them - except the price, which I grant is very high. I am going to print your suggestions in the April number in order to stir up my correspondents to answer some of your questions.

Yours very sincerely
H. B. Hulbert.

These pictures will be spoiled by creasing but they are only samples.

June 22, 1901

Seoul

Dear Dr Griffis,

Your interesting and kindly letter came the other day and I take the first opportunity to answer. I am especially interested in what you say about the history and am grateful for any suggestions you have to make. Now I agree with you in part but I think there are one or two things that should be explained and which I think will modify your opinion. In the first place there is practically one single source of historical information about ancient Korea. All the various accounts are variations on the ancient Samguksa or "history of the three Kingdoms". It is not a fact that there are various historical records that can be compared. There is no possibility of cross examination and verification. We have a simple straightforward story of ancient times, the mythical, legendary and historical elements are being blended into a single narrative. In giving an English setting of this narrative would you expect me to leave out the account of the legends and myths which encompass and swathe the beginning of Korean history. I would as soon think of dropping the mention of King Arthur from English history of Wm Tell from Swiss history, of Homer and Helen from Greek history. You will observe that at the very start I guarded myself against the charge by stating that I give the legends and myths for what they are worth. They are essential to a clear view of the Korean mental standpoint. To my mind so far from being a blemish to the book they are quite indispensable. You may say that I should have been more careful to separate them from the body of the work and give them in the shape of foot notes etc. In this my taste may have been at fault. No one would surely get the impression from my pages that I believed in the historicity of these fabulous events. What then is the use of cutting up your pages and breaking he continuity of the reading by throwing these things into foot notes. In nearly every case I note in the text that these supernatural events are mere traditions. The first two or three chapters, dealing with the Tangun, Kija etc are purely traditional, but could a true history of Korea be written without mentioning them? In the book I clearly tell at what point actual history begins to take the place of legend.

My history of Korea is gotten up not on the analytical method but on the narrative method. The single source of information permitted of no synthesis from different points of view.

Now in the Japanese history, if I am rightly informed, the Kojiki gives all we can find in regard to the earliest times. I have been reading it with great care of late. Compared with it the ancient history of Korea is entirely credible. There is hardly a line of the Kojiki that you can put your finger on and do more than guess that it may refer to an historical occurrence. Take the Empress Jingu and her supposed conquest of Korea. She and all her doings are buried in supernatural lore to such an extent that no one would dare to affirm the possibility of those events being historical unless the comparatively same and matter of fact annals of ancient Korea verified them. And yet you and many another has accepted Jingu's conquest of Korea as a settled fact that is practically beyond dispute.

The grand difference between the ancient records of Korea and of Japan is that in the Korean records the supernatural is the exception and not the rule while in the Japanese records it is only once in a while that you meet anything that could even be guessed to be history.

Each month I am having the pages renumbered and 300 copies struck off which are laid aside to be bound into a volume at last. I have biographical and geographical indexes, seven maps, chronological tables and over fifty full page illustrations for the history. I shall have it gotten up in a thoroughly scientific way so as to be of use to the student. There is no use in my trying to find a publisher in U.S. for I am unwilling to cut the book down to dimensions that would make its publication a financial success. As I am doing now I shall have three hundred copies of the history made up complete at a price which will enable me to sell them at $2.00 gold and still clear quite a profit. It is the only way to get a complete history of the country on the market.

I have given you my views here very frankly as I know you would prefer. I value your opinion very highly and want to get as much light as possible on the subject. I do not know whether I have met your objection in the above. If not then I am not aware of your exact meaning. I think I have served the public better by giving a straightforward narrative of events without drawing other than the most obvious influences than if I had spent my time trying to generalize. I should be pleased if you had time to give me a more particular word as to your meaning. It may be I have misunderstood you.

You are very kind to help me by reviewing the Review. I have no access to the Nation but should be very glad to see what you have been so kind as to say. My mailings list is growing and I shall at least not be out of pocket at the end of the year. Mr Appenzeller returns from U.S. in Sept. & I am told he wants me to suspend the Review in Dec. & let the Repository start up again. There was a hiatus of two years in the Repository & no present prospect of resuscitation so I started in with the Century. From the standpoint of editorial or journalistic courtesy am I under obligation to suspend? I should like an unbiased judgment on this point from you. I noticed with pleasure what you say of your new literary ventures. All success to you.

Most truly

H. B. Hulbert.

May 26, 1902

Seoul, Korea

The Korea Review

Homer B. Hulbert,

Editor and Proprietor.

Dear Dr Griffis -

Your pleasant note has just come and I hasten to acknowledge receipt of $10 gold. Your subscription to the Review for 1902 will be $2.25 including postage and the pictures will be $1.50 with .30 extra for postage. So your total bill is $4.05. The remaining $5.95 are in my hands for the purchase of photos etc.

As for the specific things you mention I fear there will be no picture of the Puyu monument for many a long year to come. I wish I could get a picture of it. Everything about here is photographed by the Japanese and is on sale at the shops. If any special pictures are taken they are by private parties who want to use them exclusively and so it is next to impossible to get them. There are plenty of fine pictures to be taken but the cost of taking a photographer to them and getting them taken is prohibitive. What you want is just what we are all on the look out for but never seem to be able to get. Some of the rarest pictures among my set of photographs were taken from plates loaned me by friends as a special favor but such opportunities are few and far between.

The town of Puyn is about a hundred miles directly south from Seoul and the monument lies in the ground in the town, or rather under it.

My history of Korea is about one third done. I have finished the medieval period up to 1390 and from now on shall give the history of the present dynasty in detail. The account of events that have taken place since 1863 alone would make a respectable volume but this I have of course condensed within reasonable limits. Some day I may attempt something on "The Opening of Korea" of which I have obtained all the material from eye witnesses. The history will run through this year and next so far as I now know.

Many thanks for noticing my paper in the Nation. It should be of substantial benefit to me. I find that the second year shows very few falling from my mailing list while many are being added. On the whole I think I may venture to call it a financial success, perhaps because the public thinks that anything is better than nothing. It must be acknowledged that it is a one man paper. Appenzeller and Jones are in a sense my colleagues on it but they do no writing being both overburdened with other work. Every body is consumedly busy and would rather read what I write than help me write it. But even this severe handicap does not seem to affect the circulation much. I am just finishing a MS on "A search for the Siberian Klondike" with copious illustrations. It relates the curious experiences of a friend of mine for two years in far northern Siberia who handed his notes and pictures to me to work up. I think it will "go", myself though such things are always problematic.

I wish you all success in your many and important literary ventures. I have a story coming out in the Century shortly which you will see.

Yours very sincerely
H. B. Hulbert.

I will do my best for you about photographs.

August 29, 1902

Seoul, Korea

The Korea Review

Homer B. Hulbert,

Editor and Proprietor.

Dear Dr Griffis

Your card is before me. The summer vacation and consequent disorganization of my study table has worked havoc with my mail. I shall begin now to keep my promises, I trust. I send herewith the Jan. Review and the photogravures. I thought the latter had been sent. There are several daily papers published in Seoul. Two by Koreans and one by the Japanese. Also one in Chemulpo. Dr. Jaisohn resumed medical practice in U.S. & is living at Primos, Del. Co. Pennsylvania. It would be hard to tell how many Korean students are abroad now. There may be a dozen in U.S. and half that number in Europe. In Japan there are thirty or more. Portraits of all the sovereigns of the present dynasty exist but are not visible by the public. Your suggestion as to article on extant memorials of Korean art is a good one but as Korean art is at best a 16th rate affair I deem it better to wait till subjects of greater actual interest are disposed of. You will be surprised to learn what a dearth there are of contributors to the Review nor am I the only sufferer. The Korean Branch of the R.A.S. can get no articles from anybody. The only people here competent to handle subjects exhaustively are all missionaries and they put other duties first. My magazine has not an enemy in Korea and all support me heartily in subscription. I shall clear a thousand or more this year; but they wont write. So I do it myself as you see. I have a MS of my own on the relics of Kyongju (Capital of Silla) in my drawer over a year waiting for Mr Engle to write me something better on the same subject but I receive nothing as yet. I have a long article on treaty relations with Japan taken from a rare work on that subject. It settles the question as to Japanese supposed superiority. I have not been able to tuck it in anywhere yet. You say, of course, that such would be much better than some of the weak stuff I put in but there are many tastes to consult. I have frequent appeals for more folklore or for more news or more this and that. I make a monthly hodgepodge and let it go at that. Anybody that is willing to give the time is welcome to the job. I could spend the time much more profitably writing for home periodicals. I hope by the time you get this my story will be out in the Century. They have held it three years and have just paid for it. As I hope it will not be posthumous after all. My brother Archer has just published a novel "The Queen of Quelpart" which you may see. He was out here a year.

I trust you will not consider my review of your New England article on Korea unfair. The honest reviewer must eliminate the personal element, otherwise I should have said only the pleasantest thing. After all my strictures were only on incidental points.

I am still holding that money you sent but I have not struck anything that you would care much for. I wish you could give me a little more explicit directions as to what you want. I shall be happy to get what I can provided I run some chance of pleasing you with my choice. I can tell you in advance that there is mightly little to get here in the way of photos outside the regular trade pictures that everybody has.

I shall be in America next June in all probability to accompany my father to Dartmouth to attend his 50th anniversary of graduation. I am thinking of preparing a model of Yi Sun-Sin's Tortoise boat the first ironclad (1592) for exhibit at the St. Louis Fair. I have all specifications pictures etc. etc. I should rather like to be appointed foreign secretary to the Korean Commission to that exposition. Little hope of it tho

I would like to be living in U.S. while these stirring days are passing but I keep track of what you are all doing. I seem to be fixed here for another five years. I shall probably not stay it out.

With many regards,

Yours sincerely

H. B. Hulbert

Oct 22, 1902
Seoul

Rev W. E. Griffis D.D.
Ithaca
N.Y.
U.S. America
==========

Dear Dr. Griffis,

Your card came some time ago. I fear I have been negligent about the pictures but nothing new has turned up lately and as some of the pictures of my set of photogravures were sold out I have sent to Japan to get some more and will forward them as soon as I can. Dr. Baelg of Tokyo gets it back at me very neatly for saying that you spell Korean names in a Japanese way by charging me with spelling Japanese names in a Korean way! I fear the stricture is just. He handles my Dravidian [?] origin theory pretty roughly as you will see in the October Review. One of these days I shall publish a careful comparison of Korean and Dravidian languages. Have you seen my brother's novel "The Queen of Quelpart" just out by Little Brown & Co of Boston?

Yours cordially
H. B. Hulbert

Dec 5, 1903
Seoul

Dear Dr Griffis,

I have no good excuse to offer for not writing you before but I will do the best I can. In the first place about the money of yours that I hold. I have had no opportunity to get hold of my special photographs. You see from the Review that I can procure for myself only the regular line of pictures. Now if you want me to make as good a selection as I can of the pictures on the market let me know and tell whether you want pictures of scenery, public buildings, prominent individuals, costumes, customs, industries or what not and I shall be glad to get them but as for any special or unique pictures they are so hard to get that I am discontinuing illustrations in 1904. If I cannot get them for myself of course I can't get them for you much as I should like to. I was in American during June and July and passed your place on the U[illegible] Central three times but could not stop. While at home I read the proofs of "A Search for a Siberian Klondike" Century Company, which you may have seen. I had a little story in the July Century and am now at work on a serial story at the request of Mr Gilder. It will be located on the island of Quelpart and will bring in more or less Korean life customs & superstitions. I am also ready to make the final copy of my Comparative Grammar of Korean Japanese and the Dravidian languages of India. But time flies and it is almost impossible to get things done. The Century Co has asked me for a book on the Far East in general but I am not well qualified to write such a book even if I had time. Have you seen Gulicks book on Japan. I call it a masterpiece.

I hear that you have left the pastorate and are devoting your time to literature pure and simple. I am horribly tempted to do the same but have no such qualifications for it as you have. Korea seems to be doomed to fall into Russian hands sooner or later and that will end my career here. I shall be glad if I have succeed in giving the world a little information about this country. I have just published the history of the present Korean dynasty in Chinese 5 vols, 547 pp or rather leaves. It sells here like hot cakes. The first lot of 100 sets from Shanghai went off in 48 hours and dozens of applications are filed waiting a new invoice for which I have cabled to Shanghai. I have heard some extravagant words about it all of which must be heavily discounted. You know the Koreans have absolutely no history of the last 120 years. I bring the history down to 1896.

I trust you and Mrs Griffis are well and your family. Kindly give them my best regards.

Yours very sincerely,
Homer B. Hulbert.

Jan 8, 1904
Seoul Korea

Dear Dr Griffis : -

Your nice note containing check for 1904 Review came this morning, for which many thanks. The copy of the Times that you mention has not come yet but will be along in a few days probably. I have word that an Angus Hamilton has published a book on Korea in London. He was here about two weeks! He writes me that he has used material from the Korea Review but has given me credit in his preface. I shall be anxious to see just how much he has used the Review, for he could have gotten very little material at first hand. I rather think it will be a recasting of Review matter in which case no acknowledgement in the preface would be a valid excuse, and after looking it over I shall tell the truth about it. You gave no indication in your note as to what the World that you were sending contained. I wonder if it was a review of that book. I suppose you have not seen My "In Search of a Siberian Klondike" yet. Mr George Kennan has said some very pleasant things about it which the Century Company have forwarded to me. We are in the midst of exciting times out here and today is something of a culmination.

I hear that the King is coming around and that the government will soon assume a friendly attitude toward Japan. If so all will go well for Korea, I believe. I have been in consultation with the many of the Korean officials and with the Japanese Minister and there are good days ahead for Korea yet. Reports from Tokyo this morning indicate that war is practically, inevitable unless Russia backs down completely. Japan will consent to no arrangement that gives her power in Korea but still leaves the Russian fleet in Eastern waters and Manchuria in the grip of Russia. I believe Japan has better backing in this than is generally suspected. But I believe that Russia will back down at the last moment. It is just a game of bluff and Russia looses. Her officers have gone a step to far in the bluffing process and Japan has "called her hand" which is a distinct diplomatic defeat for such a country as Russia. I have seen a good deal of Russian dealings and methods out here and I consider them to be distinctly Asiatic. Many thanks for your suggestion about proposing my name as one to write about Korea. I have not traveled in the country as much as some but I think I have a fairly accurate knowledge of country conditions. Perhaps I have absorbed this during the long years of my banishment to these regions. With the change that is now imminent in the Korean government will come a much larger opportunity to do something for this people in a sphere rather higher than that in which I now move. But I will let you know of these things later. I am sorry to say that this change can hardly be effected without some violence on the part of Korean officials. Two men in power today are doomed and can hardly escape the doom which they have merited. I have said all I could to avert trouble for them but it is generally felt that they must either secretly get out of the country or the Korean people themselves will mob them. They have sold themselves to

Russia and now that Russia has no more use for them she throws them off. That has always been Russia's way here. That is the way she treated Kim Hongnyuk and Kim Yong jun and that is the way she will treat any oriental. Well, I have wandered on unconscionably but you will excuse my garrulity. Whatever telegrams you see in the papers from Korea and coming through the Associated Press are from me.

With best regards to yourself and your family,

yours very sincerely,

H. B. Hulbert.

Jan 18, 1905
Seoul

Dear Dr Griffis

Your note has just came and also from G. P. Putnam's Sons. I feel very much complimented by this proposal. They do not say that they really want a book on Korea but ask if I would finish it in case they do decide to print one. I am at work on a book on Korea for the Century Co which they have already accepted and so of course I am not at liberty to accept the proposition of the Putnam Company much as I should like to do so. I am very grateful to you for your recommendation of me to them and am only sorry that I cannot respond. I am getting to the end of my "Comparative Grammar of Korean and the Dravidian Languages", and shall put it out this year. The work that I have already done on Korean Folklore will be thrown together revised and supplemented by some comparative studies and appear, if I can find a publisher. I am so crowded with work "on the stocks" that there is danger of not being able to launch any of them. The Korea Review is to continue after all. I am putting out 300 sets of my History of Korea in 2 vols 800 p. for circulation in the Far East only. I shall send a copy now and ask some publisher if he would like to have it condensed for publication then in a single vol. Libraries ought to take such a book I should think and there are enough libraries to make it pay. I should like your advice on this point.

I gave you note about the new edition of your book complete in the last Review. I have just been over the Seoul Fusan RK and am sending an account of it to "Worlds Work". I have sent a long article on Quelpart to the Am. Geog. Soc. which would perhaps interest you. I do not know when I shall be able to finish the serial story which Mr Gilder has asked for but it is partly done & will come out in the Sweet Bye & Bye. I live in a state of chronic literary congestion. I wish I knew some remedy for it.

With very many thanks and with best wishes.

Yours sincerely,

H B. Hulbert

July 3, 1905
Seoul

Dear Dr Griffis,

Your note came a few days ago and I hasten to reply. I rejoice with you in the victory of Japan over Russia but I am sorry to say that with all my admiration for the Japanese I can not take such an optimistic view of the situation as you do. You will read in the June Review some of my views on the situation. To sum it all up, I have been compelled to conclude, after a careful study of the Japanese, that however powerful they may be in war they are almost totally unable to undertake such a work as that which is now on their hands in Korea. The trouble is that they are still far too near the Koreans in the quality of their genuine civilization. It is wholly impossible for more than the very cream of the Japanese to look upon the Korean with the magnanimity with which an Englishman looks upon the Indian or the Egyptian. I tell you what is strictly and demonstrably true that the average Japanese who have come to Korea are far below the average Korean in enlightenment. I thoroughly believe that the Japanese officials in Korea, with hardly an exception, are constantly taking large bribes from the most corrupt Koreans to prevent justice taking its proper course. I know that there is no possibility of redress for a Korean against the Japanese. I could quite you case after case with particulars in which Koreans have been kicked out of the offices of Japanese consul and justices when they have appealed for justice. If it were merely that thousands of Japanese ruffians had swarmed into the country and that the Japanese are unable to cope with them as yet there would be some excuse but the fact is, a fact which I have demonstrated personally, that even in cases where it would be easy to give justice no attempt whatever is made to do so. Written the past fortnight Min Youg-jun, the most corrupt official here, who has battened off the people and gorged himself with stolen wealth, has paid Y 20,000 to secure immunity and today it is impossible for Koreans who have been robbed by him and who hold in their hands prima facie evidence of his guilt, even to obtain a hearing of their cases. The authorities have been bribed. The trouble is that Japan is judged in America solely on the merits of a few high statesmen who have received a liberal education abroad. Those men are powerless to secure the accomplishments of their better purposes in Korea or elsewhere simply because there is no considerable body of middle class officials enlightened enough and brave enough to all their own people to account. I say "brave" advisedly for of the Japanese consuls and other officials in Korea should begin to bring the rascals to justice they would be murdered within forty eight hours. You can form no idea of the state of things here. Imagine ten thousand desperados from Texas let loose upon the streets of New York with no one who dared to tackle them or keep them within bounds and you will have some idea of things here. The missionaries throughout the country are a unit in saying that the common people are treated abominably by them. A gang of ten or more will come into a mans fields and stake out ten acres or more and say "these are mine" and if the Korean objects he is beaten insensible. If he appeals to the Japanese authorities he is told that the matter "will be investigated" but it never gets any further. You will think that I am prejudiced but I assure that my attitude is mild compared with that of some of the most sensible and cool headed members. Ask Underwood, ask Avison and you will elicit replies far more radical than anything I have said. It is a well known fact that[1] petty officials are likely to be the greatest martinets. So with the Japanese they are not high enough above the Koreans to know how to treat them.

Well I must stop. Your many questions have not been answered but I will keep them in mind.

Yours sincerely,

H. B. Hulbert[2]

P.S. My History of Korean 2 vols is out but there are only 300 sets in all and I shall dispose of all these in the Far East except in the case of a few friends like yourself. When I dispose of these 300, as I soon shall, I shall revise and condense into a single vol and try to publish at Home or at least publish for sale to libraries etc in Europe & American. I will send you a set shortly and you may remit the $5 to my Father. Rev. C.

---

1 네 번째 장 상단 여백에 쓴 내용임.
2 제일 앞장 상단 여백에 쓴 내용임.

B. Hulbert D. D. South Dennis, Mass.

These are great times here in spite of all the Koreans are waking up and taking hold. The attitude I assume in the Review will win the hatred of the Japanese - at least those in Korea for they will listen to nothing but adulation. What an ass Pres. Jordan of Leland Stanford Univ. made of himself when he said there is not such thing as "graft" in Japan!

Yours

H

Nov 8 1906
Seoul

Dear Dr Griffis -

Your note and your card came together. I am indeed pleased
that you can speak so pleasantly about my new book. I know that
my exposition of matters Japanese does not coincide with yours
but I assure you that out of the whole body of missionaries in
this country I have still to find one who does not agree with me
in every essential point. And more than that a number of the
missionaries in Japan have visited this country and without
exception they have been forced to accept my view of the situation.
Korea has been more a mere spoil of war and the world is beginning
to find it out. If my book helps in disclosing the facts of the case
I shall consider it a success. It is not pleasant to sit in the seat
of the scornful but there are times when to keep silence is a crime.
I was enjoying a fine position under the Korean government and
if I had been complacent and had spoken nicely of the Japanese
I could have enjoyed advantages that would have netted me a
fortune. A partisan advocacy of the Japanese or even a quiescent
attitude would have made me "solid" with them. The day before
I left for America on my fruitless mission the Japanese minister
came to me and offered me the most tempting prospect if I would
give up my trip for he anticipated what my object was. I could
not accept his offer, of course. The journey was undertaken at

enormous personal sacrifice so far as mere money is concerned but it will be a lifelong satisfaction to know that I did what I could to help along the cause of what I believe to be justice. I am working night and day now trying to get some show of justice for Koreans who have been horribly wronged by Japanese. I have just succeeded in saving some $6000-worth of land for an aged widow lady of good family. It was being taken from her by Japanese trickery. Yesterday I succeeded in frustrating a $60,000 swindle that a Japanese was playing on an old gentleman seventy five years old. I am in the midst of a case where a Japanese has seized hundreds of acres of rice land in the country on the strength of forged deeds. The missionaries cannot touch these case of course, but I am entirely independent and can injure no one but myself. Of course the Japanese hate me. They hate exposure and publicity. They hate all who do not speak smooth words about them. But I do not anticipate molestation of any kind. The Japanese know that any trouble they cause me will stultify them. I still affirm that Japan has no friend that wishes her greater success along all legitimate lines than myself. I do not have the least rancor against them. I fully believe that they are laying up trouble for themselves by their contempt of their own treaties. I look forward confidently to the time when Japan will be forced to hand over Korea to the Koreans. She never will do it voluntarily but she will be forced to do it. We who live out here know something of the real feeling of the Chinese toward Japan and unless history belies itself Japan will sometime suffer the same humiliation that France did under Napoleon I and for identically the same reason. You say you hope I will not confine myself to political topics. Well, Dr. Heber Jones is back now & is going to give me some aid along several lines but I am frank to confess that the sole mission of the Korea Review today is to expose the heartless treatment of Korea and the Korean people by Japan. If you have a chance to meet Dr. Howard Agnew Johnston ask him how things are going here. You will hear sharper things from him about the Japanese than you have ever read in the Korea Review. I am anxious that you should see things as they are. I look forward to the time when every honest man who has condoned the acts of Japan in Korea will be compelled to confess his error. I beg of you to examine the facts and do what you can to correct the wildly erroneous attitude of the American people toward Korea.

Pardon me if I spill over on to another sheet of paper. You will be interested to know that I am publishing the Hulbert Series of School text books in Korean. The first two will be out in a week or two. They are an Elementary Geography 5000 vols. A higher geography 5000 volumes. A history of Korea 5000 vols. A Botany 2000 vols. A Manual for study of English 5000 vols. All these are in press or under way. So you see I am not doing an entirely "kicking" business. I have come to the relief of the Korean Religious Tract Society with an offer of Yan 10,000 to use in publication, which sum is not a gift, but is to be returned. I become, as it were, the publisher of the society. This I am able to do because of fortunate investments in real estate which I made years ago and which, curiously enough, became valuable through the Japanese seizure of Korea. If I can help Korea in any measure with the money, it will be a case of compensation. I shall be pleased to see your review of my book. The critic will doubtless find flows in the matter and in the style, but I will admit of no criticism of the motive.

Yours most cordially,

H. B. Hulbert

Do not take my word for it alone. Write to Dr. Johnston for his view of the situation. Write to Bishop Candler of the Southern Methodist Church. Write to Mr James of the Presbyterian Mission Board. They have all been here and they know. They went all over the country.

Jan 2, 1911

Springfield Mass

Dear Dr Griffis : -

Many thanks for your little brochure on the Sage Memorial window and for the kindly thought which inspired it.

In regard to Korean historical material, the trouble is that it is far harder to get anything about the last 100 years than about any other portion of the country's history. I worked very hard to get hold of private MS histories of the 1392-1909 dynasty and I am certain that no one else has had the time or the interest to do anything in Korean history. So far as I know I am entirely alone so far as any original research in that field is concerned. Not one word, so far as I am aware, has been written about the last 100 years of that dynasty except the Dallets "Histoire a Eglise de Coree" and of course that says little about anything but church matters. A few weeks ago I got out my history of Korea (reprinted from the Korean Review) intending to begin a condensation of it and to bring it down to date for publication but libraries would be the only purchases excepting for a few personal acquaintances. But I feel as if the history should be written out complete down to the end of things. Of course I do not think Korea is finished. She has just begun. She has taken hold of Western ideas by the opposite handle to that which Japan grasped and it is by no means certain that the future may not vindicate her in this choice nationally as well as socially. However, I feel that she has chosen the "better part" whatever her political future may be. I am sorry that I cannot indicate any possible historical sources. If I knew of any I should be eager to get hold of them myself. In a French library there are many Korean works that ought to be read and digested but I have neither the time nor the money to do it. If I hear of anything I will be glad to let you know.

I may be going to the Pacific Coast this winter for a lecture tour & if so I shall see Gen Foote again in San F. [Francisco] and shall get from him what details I can about his brief incumbency at Seoul as U.S. Minister. Any help that I can give you in regard to events within my own observation I shall be glad to give. (over)

Most cordially
H. B. Hulbert.

P.S. I see upon rereading your note that you ask for anything about medieval & early Korea. I suppose you mean the dynasties preceding 1392. Nothing has been done nor can be done except by translating the ancient histories, the best one of which is the Tong-sa Chan-yo a work in 9 vols in Chinese which I sold to the British Museum Library in 1898. It is a perfect thesaurus, but besides this there is the splendid encyclopedia the Mun-hon Pi-go in 112 huge volumes which I sold them in 1903. There is a perfect mine of information about almost everything Korean antedating 1500 A.D. If I had leisure and means I should like nothing better than to ransack that remarkable book. If translated

entire it would equal the Encyclopedia Brittanica in bulk! In Seoul
I have a number of other works in Chinese that have not been
looked into, Korean books of great value. Korea has had a great
history. I suppose you have what I published in the Korea Review.

Yours

H. B. H.

October 25 1917

Springfield, Mass

Dear Dr. Griffis,

I was glad to hear from you. I agree that the lecture business is in a bad way unless one has had the chance to be in the war zone. I have been doing some lecturing at Army Camps under the Y.M.C.A. without pay! I had a pretty full summer in Chautangra with but have practically nothing for the winter. I trust that in the South you will be able to find some work. In these days one may well envy the day laborer who has more work to do than can be done. I see that Japan has declared a Monroe doctrine for the Far East. Well, time will tell whether she can carry through the program. For my part, it looks like unmitigated presumption.

I regard to the foreigners who helped Japan I shall be very glad to help you. I do not know much about some of them but will tell what I can.

You are well aware that Van Neollendorff was the first Commissioner of Customs. He left Korea before I went there. He organized the services as an independent one - independent from China but Yun Shi-Kai managed to get that changed and the Chinese Customs service took over the whole business, with Henry F. Niverville at its head. Associated with Van Neollendorff were a number of English and Germans. These gentlemen mostly remained in Korea after Van Neollendorff left and ossified themselves in various ways. A Mr. Halifax had charge of a school for English interpreters for two or three years and did very creditable work.

Judge O.N Denny, formally U.S. Consul Seoul, in Tien-Tsien, was made advisor to the Foreign Office in 1885 and was an able and conscientious friend of Korea. He was [bumpered] at every turn by Yuan Shi-Kai and his entourage who were bent upon undoing the mistake that China felt. He had made in recognizing the independence of Korea. It is very unfortunate that Judge Denny received little if any support in his work from the U.S. Legation. There was always an intense jealousy between him and the occupants of the Legation which left him single-handed to accomplish an impossible task. The Chinese finally succeeded in securing the dismissal of Judge Denny. He was succeeded by Mr. Greathouse whose powers were somewhat curtailed [compound] with Judge Denny's. He was not able to do anything for the Korean gov't. -although he was an able man. Later he fell into such an alcoholic condition that his usefulness was gone and he died of the effects. (I am telling you these facts - not for publication of course but for your own information). In 1886 Messrs. Gilmore, Bunker & Hulbert went to Korea to start the gov't school. At first it handled young men of the nobility but this proving unsatisfactory the school gradually took on men of less political prominence but of more enterprise. After two years Mr. Gilmore, for family reasons, returned to America. In 1891 Mr. Hulbert, because of the reactionary character of the gov't and its neglect of educational interests resigned and returned to America.

Meanwhile their American military men, Gen. Dye, Col. Nienstead & Col. Cummings were employed to drill the Korean Army. They did good work but were badly [illegible] by the unprogressive character of the gov't and lack of active support by the U.S. gov't.

Another American had charge of a gov't farm but little was seen of him. I never met him and the project failed for the same reason. I think his name was McKay or something like that.

About 1892 Gen. Le Gendre came to Korea as adviser to the household. He had participated in Japan's expedition to Formosa. What he did in Korea or what his work was no one seems to know.

In about 1894 Mr. Bunker resigned from the gov't school and Messrs. Frampton, Hutchinson, and Halifax took over the school. They were English.

In 1897 Hulbert reentered the gov't services in change of a normal school. This was during the time when J. McL. Brown had charge of the Custom service and was doing much to rehabilitate the country. Philip Jaisohn, a naturalized American Citizen of Korean birth, had returned to Korea and was publishing the first newspaper then and, or advisor to the gov't, was doing much to get things on their feet. Mr. Brown had the [illegible] of the country well in hand and things look bright for Korea - but the Russian influence was strong because of the Japanese assassination of the Queen and the King's flight to the Russian Legation. Later Mr. Hulbert was transferred to the gov't college from which he resigned in 1905 to go into the diplomatic service of the Emperor. During the Russian period of influence, a number of Russians and French were employed. A [Mr G__olic] had charge of a mulberry plantation but it failed. A Russian had charge of a glass proposition that war foisted on the gov't. There was no glass sand in Korea. A Frenchman took charge of the post office and did very good work considering his limitations.

A German school flourished for some years under the management of Mr. Bolejohn and a French school under Mr. Martel. There we also a Chinese language school and a Japanese.

All these schools went on with moderate success until the Japanese occupation but were never properly financed nor [named].

One of the worst successful men under the gov't was a German boy in the Employ of Japan as a band master who came to Korea in an extraordinarily short time equipped and trained on first-class band. I cannot remember his name.

A Dane named Muhlensteth was one of the first foreigners in Korea. He was engaged in building telegraphic lines throughout the country. He lived in Korea employed of 32 years. He committed suicide in Seoul about two years ago.

For a short time, between 1899 and 1902 or 3, Mr. Sands, upon retiring from the position of U.S. Secretary of Legation, was adviser to the Household Dep't. What he did, if anything, is not known.

For some time, a Mrs. [July], widow of a Brit. Consul in Korea, acted as tutor to the Prince, son of Lady Gu - but it is not known that she even performed the functions of the office.

Collbran, Bostwick & Co. built the Electric Tramway in Seoul in conjunction with the Emperor but as the latter failed to pay his proportion of the capital the company took over the road.

An English company was employed to build the water works

for Seoul at a cost of $1,000,000 and their work was thoroughly successful.

These are all that I can think of at the moment. If you should look up the file of the Korean Repository and the Korea Review you would find out most of what you want to know.

I do not know whether thus that I have written is what you want. If I can do more, let me know.

Very cordially,
H.B. Hulbert

History of Korea

[illegible_2] Feb. 2

Dear Dr. Griffis:

I was pleased to get your note & wanted to call on you the other day when I was in N.Y. but did not get around to it. I should have liked to talk things over with you. Some things were done at the Conference in Washington that have never been given publicity.

I printed privately 300 sets of the History of Korea and they were all five years ago. You can find it in the NY Public Library but I fear there is no way to buy one.

I want to take the book, condense it, bring it down to date & print it but fear no publisher would risk his money on it now that Korea is politically extinct; but I have reason to believe that this extinction will not be permanent & some time I may carry through my plan.

With very best wishes,
Cordially,
H.B. Hulbert

I am away all the time & so out of touch with things in Springfield that I cannot say now whether an opening can be made for you there but I will look into it. H.

Hulbert to Gilmore

Apr 29, 1894
Seoul

My Dear Gilmore,

By the time this reaches you your year will be about done and the long seminary vacation will be before you. I suppose you know more or less of what is going on here but I will recapitulate. In the first place Kim OK Kiun was decoyed out of Tokyo to Shanghai by a paid assassin from here and went to Shanghai where he was instantly murdered and the Chinese of course immediately showed every courtesy to the murderer & gave him a gun boat to come over here on. The body of K. O. K. was brought at the same time and has been cut up etc according to the delicate and civilized custom of 대죠션. It has caused a good deal of excitement but the vault will be to parties the <u>Min</u> barnacles more firmly upon the bottom of the Korean ship of state. Things are in an awful condition here politically. The Koreans have borrowed money in small sums of 2½ % a month mortgaging their customs receipts as security and so gradually throttling themselves.

I suppose there are no less than [50,000] men in Chullado who have revolted and many of them are armed. I look for developments all the time and expect that the old craft will soon go into dry dock & have her bottom scraped and at the same time she may be condemned & broken up for old iron. You know about how Bunker went I suppose. I know that the reason he went was not simply because he wanted the school funds to be put in his hands but because he demanded a big [nice] of Salary & would not come down. As it is he has gone & Nienstead who had left and was in Japan was sent for by cable & has taken the 육영공원 at $200 a month and contracts to teach seven hours a day six days in the week. At the present exchange he is getting $95 gold a month.

[illegible]ye as talking with me & winking his other eye he remarked "Nienstead's next step will be into a mission"! That idea tickled the old gentleman immensely.

Bunker has applied to our mission & we leaves from N.Y. that in all probability his appointment will be confirmed. In that case he will take the 비지학당 and will have a house very near to mine.

Underwood is the same old fellow a tremendous worker but jammed into the hole as hard as all the other members of the mission can join him and they are a big crowd. You did not know Gale did you. Well he is a smart fellow but he is so furiously jealous of U. that if U. says white is white, he will swear it is black. At the same time I would give more for U. than all the rest of them put together as far as mission work goes.

Mrs. Underwood is badly off with rheumatism but seems about the same all the time. I do not see why she cannot hold on a number of years more. Appenzeller Is the same old boy. Pugilistic as ever and knowing him well I punch back at him good naturally there is not the least friction so far as I am concerned. One or two of the new men in our mission kick at having to be examined by James on the language every quarter. Well I sympathise with them some but if they would show just a little ability to get hold of the language I should sympathise with them a great deal more.

Scranton has changed a good deal. He has "sworn off" smoking, principally because his physician said his life depended on it & somewhat I imagine because he is the Supt of the mission. He wears a clerical coat & takes his turn in the pulpit. But S. is no man for a Supt. He is too changeable and too easily excited. I get along with him perfectly because I know how to take him but all our people do not know him so well as I do. Appenzeller and Scranton do not begin to know each other as well as I know either of them. Neither of them can see the others standpoint. But we are a harmonious body and are getting along finely. Mrs. M. F. is quite well & is doing a good deal of work among Koreans. I think she is better than most of the time when you were here. The Waebers are back & settled in their splendid mansion on the hill, a really magnificent place. We have a few good tennis players here. One in the customs & one in the English mission. I have played with them once or twice and shall have all I want this spring. Liang Is back in the Chinese legation & has cut off his old time friendship with us at least so far as tennis is concerned. I see him very seldom. Loy, I hear is over in Chefos in the customs a fine fellow. I wish he were here. Gifford is getting to be something of a worker & is in the country about half the time. Mrs. G is an exceedingly valuable worker I should judge.

The Bible committee have gotten to work at least and they have had a great old time on the term question. It has finally decided by a vote of 11 to 1 (the one being Gale) to adopt 텬쥬 the Roman Catholic term & all things considered I believe in it. Our mission has unanimously ratified that vote and there is little doubt that the scriptures will be printed with that term. The Catholics will immediately tack the 로마 to their name as they had to do in China when their term was adopted by others.

In my work in the press I am having good success. I have made it pay expenses which is fair success when you remember that last year it ran behind $800. Ohlinger's principle was that the press would pay expenses if it could get plenty of on moun work to do but he charged such price that he could not pt the work. I adopted the principle that we must get the work at any cost & I put my prices on a par with the Leishin Bursha of Yokohama and today I have work in hand that will take two years to do & I have sent to US for as fine a press as is made for foot power a 3200 pound machine.

I have printed a million pages since November and have bound 220 books. The Korean workmen like me and are willing to work fourteen hours a day if need be some of them do. Of course on job work. I took a series of lessons in a job office before coming out and the men knew that I can appreciate their difficulties. It gives them confidence in me.

I have just sent for some new and handsome type to set up my work on Korean folklore which one company at home rejected (and rightly too) because the MS was not complete. I was going to have a considerable historical introduction but it was not finished. I shall stereotype it & wait till my new press comes before printing.

A Washington newspaper man Carpenter is here writing sindicate letters & he says your book on Korea ranks Griffis', an opinion that others of us share with him. My apple, pear, cherry, peach and apricot trees are in find feather. And my grape, strawberry and raspberry vines are going to bear heavily. I have some forty odd fruit trees. Rather a contrast to the place I used to live in here more satisfactory work in every way. I trust I have not bored you & that this letter will find you all well & happy with kindest regards to Mrs. G. & your family I remain

most sincerely
H. B. Hulbert

June 9, 1895
Seoul

My Dear Gilmore,

Your note came today and I was delighted to hear from you. I am pleased to hear of your continued success there. I see your hands are full of work, as mine are. Well - Old Seoul wags the same as ever though you may imagine the new regime is making some radical changes. we see nothing of Yuan these days. His star is set. He is rusticating somewhere as are the numerous Mins. By the way, Min Chong Muk our quondam acquaintance is back in Seoul and sent me his card the other day. Yi Wan Yong is now minister of education and Ko Mei Kiung is Chusa at the F.O. Hutchison & Hallifax run the government school. Bunker left just at the very wrong moment. Six months more of patience would have seen him the solidest of the solid but so the world wags. Bunker & wife are now in mid Pacific on their way out to join our mission. They will occupy for a time the little house where Jones lived when you were here. The Koreans are about to start a newspaper and I am buying their material. I shall strike it off for them on my presses. I have a full set of matrices and type casting machinery. I am making my press a general printer's supply & am bringing this estab. up to a paying basis. You would hardly know Seoul now for the new faces. Nice lot of people but more hold offishness between the missions. Presbyterian mission has a great number of men in Seoul and as of old Underwood is always in hot water but he had a number of stout supports among the number. He is the same old fellow and will "burn to the socket." Appenzeller has not changed a particle. Scranton has "sworn off" and is strong on evangelistic work. Mrs M. F. is feeble and cannot hold on much longer. Jones is settled at Chemulpo & is doing a splendid work, the only man in our mission who gives his main time to pastoral work.

The Korean Repository is booming. We have more than enough subscribers to cover expenses and a good lot of advertisements which of course pay best. I am publishing in the June & July numbers my article on the origin of the Korean people. I will try to think to send you copies.

I have nearly finished my history of Korea and Macmillan of London has offered to examine it with a view to publication. By the way your book has entered its second edition I hear. Great stuff! I have heard many friendly comments on it. Didn't I hear that some firm in Europe had stolen it? I am sure I did.

Great tennis now-a-days. We have five hard players here and when Bunker comes it will be six. B. has come up fast in tennis and is a strong players. I wonder if you have kept your hand in. I am getting so fat I keep up my tennis from hygienic purposes if for no other. My regard to Mrs. G and the children. I have two girls now.

Yours
Hulbert

Hulbert to Allen

Apr 6, 1898

Department away ask of me I can say nothing. I understand that I am under the direction of the Educational Department in the work of managing a Normal School. The department itself understands that the English School is distinct from the normal school. The plan that I proposed would make it possible to make a success of both schools but of they will not provide the men to do the clerical work they alone are the losers. The Minister of Education told me the other day that be did not consider the making of textbooks a part of my work and said they did not want the history. Such being the case I shall of course continue as heretofore doing my best for the two schools but absolutely without hope of making within what it ought to be-.

Yours.

H. B. Hulbert.

May 2, 1898

Seoul

Hon. H. N. Allen,

Dear Dr.

For some weeks past there has been great trouble at the school caused by the disturbances made by the small boys of the common schools in the compound where the Normal School is situated. The boys are allowed to come out of school at all hours and play in the yard just outside the doors of my school room and it has been impossible to teach while this was going on. I have however continued straight through it without complaint, until the other day when my English students were quite unable to hear what was being taught, because of the noise outside. On Saturday last the teachers of these common schools let the boys out before the bell rang and they filled the yard with their noise so that I was compelled to stop about ten minutes before my time. I however held the school till the regular time for dismissal and then went to ask the teachers of the common schools not to let the boys out so early as it caused such a disturbance in my department. The small boys followed me into the inner compound and I turned and told them that they must not follow. This I repeated twice of three times but they paid no attention to me. I turned and warned them again not to follow but as they did not obey I slapped one of them with my open hand but of course without hurting him any. He stood there and looked on after I had slapped him and was entirely unhurt. I then proceeded to the rooms of the teachers after again telling the boys not to follow. When I arrived at the teachers' room there were ten of a dozen of the boys who had not obeyed but had swarmed in out of curiosity to hear what was going on. I there slapped another in exactly the same way but without hurting him in the least. This was all seen by a large number of the English students who will testify that my statement is correct and that this is the full extent of the punishment that I inflicted. I then told the teachers that they ought to keep the boys in till the bell struck because it created such a disturbance.

This is the whole state of the case so far as I know and I wish to let you know that any embellishments which the Koreans may add or any exaggerations of the above account are false. I am ready to have any of the English students called up to testify that the foregoing is correct.

The teachers of the common schools and the boys agreed that they would strike in consequence of this and they have represented their case to the department and I am told the department has taken it up. I am quite willing to have the matter thoroughly investigated and if the facts do not bear me out to stand the consequences but there must be a full and thorough understanding of the case, I think you will agree. It is for this reason that I make this statement to you and if the matter is referred to you I trust that you will acquaint yourself with the facts of the case, not only from my account but by the account of fair witnesses of the occurrences.

You will kindly notice that I continued to teach the English school after the end of the first contract year as you advised and in no way to my knowledge have I in the least infringed the conditions of the contract.

Yours very truly
H. B. Hulbert

July 30 1901

[Dated June 19, 1900]

Seoul

Hon. H. N. Allen.

Dear Sir.

In November of 1899 I bought a house in Chang dong. The owner was a Japanese who foreclosed a mortgage on the house. But the former owner had not moved out. When I came to take possession of the property the occupant refused to vacate the premises. I tried every way to make a fair and amicable arrangement with him but he would listen to nothing. I had to say. The Japanese Consul recognized my right to the house the government gave me a died for it and there is no question as to my ownership.

But in order to give the former Korean owner every possible opportunity to avoid loss I am ready to make the following alternative propositions.

1° that the claimant who lost the house by foreclosure of mortgage pay me what I paid for the house (which was practically the amount of the mortgage) plus interest on the same from the time. I paid it at the bank rate of interest asked by the Dai Ichi Ginko.

2° that the house be put up at auction and sold to the highest bidder and after my claim is satisfied the remaining money to go to the Korean who was dispossessed.

3° that I pay the Korean the difference between any present claim and the account he asked for the house at the time the mortgage was foreclosed.

Included in my claim will be charges for any serious damage he may have done the property during the time that he has kept me out of possession.

Yours very truly
H. B. Hulbert.

May 30, 1902
[SEOUL, KOREA]

The Korea Review
Homer B. Hulbert,
Editor and Proprietor.

Hon. H. N. Allen

Dear Sir.

I write to notify you that I have taken over the house and the former owner has so notified the people in the house and they have become my tenant.

Yours very truly
H. B. Hulbert

Hulbert to Dartmouth College

Oct 3rd.
Springfield Mass

Dear Mr Rugg : -

Your note comes this morning. It is curious that I do not know about any Philadelphia Korea Review, but I think I can help you out a little in regard to the missing numbers of my Review. I am sending you the first ten numbers of the 1902 issue with the exception of the April number. This means that you are still lacking the April and December numbers of that year.

I am also sending the December number of Vol. 4.

Also January and March of Vol 3.

It follows that you now have everything except April and December of 1902. I will send to Korea and see if I cannot pick up those two missing numbers.

In regard to the Hulbert Series of school text-books, it was a series that I financed but of which I did not write many of the books. I am sending you the two of which I may be said to be the author. One is a Geographical Gazetteer, a second edition of the first school-book printed in Korea by any foreigner. It was first issued in 1891 and it has had a very wide sale.

The other is a history of ancient and medieval Korea, from 2334 B.C. to 1392 A.D. This edition had a curious history. When Japan took over the country they did not wish that should be any history of Korea in the vernacular. I had thousands of volumes on sale by the Korean Religious Tract Society. The Japanese police raided the place and, without any search-warrant or other authorization seized the whole edition, took it away and burned it.

I appealed to my government authorities for redress, but they would do nothing about it.

It is barely possible that I may be able to secure for you the issues of the Transactions of The Korea Branch of of The Royal Asiatic Society which contain articles of mine. I do not suppose you would care to secure a full set of these Transactions. I am one of the four Honorary Members of that Society but I do not suppose I could secure the entire file without paying for it. However, at the present rate of exchange they would not cost very much. Anyway I will try to get the numbers containing my own articles.

Another thing. You ought to have a copy of what is called The Scott Memorandum, on the Japanese treatment of Shangtung when they had control of that Chinese Province. I am not sure, but I think this is rather a rarity. I happen to have an very poor copy but legible. You could have a good copy made for your own files. I am including this in the parcel.

Yours very truly,
H. B. Hulbert.

The Chinese government recognizes the necessity of making a change in the method of writing The present system is so cumbersome & difficult that it takes from seven to ten years to learn to read. Popular education is impossible under these circumstances. The Republic can never be a genuine success without general education. The question is what kind of an alphabet to adopt. Several plans have been proposed but nothing has been settled as yet. The following plan has been worked out and offers certain special advantages.

In the first place the change from an ideographic or picture language to an alphabetic or phonetic one is so difficult that it ought not to be embarrassed by any unnecessary difficulties. The Chinese method of writing with the brush pen, the india ink and the cheap paper must not be disturbed for if the Chinese people were asked to change to a [steel] [pen] liquid ink and [calend] [and] paper it would involve starvation for 4,000,000 people who are engaged in making [otto] brush pens, india ink, & paper now in use.

Besides the Chinese method of writing in vertical columns is better than ours. It involves less eye strain to read a line down the paper than to read across. It requires less movement of the arm to write up and down than to write across and it is easier to line the paper of a Chinese book than the paper of an English book.

But more than this the alphabet proposed is better for other reasons. The one outlined is an adaptation of the Korean alphabet which was made 500 years ago and is the simplest & most perfectly phonetic alphabet in the world. Every letter has one sound only & every word is spelled just as it sounds. No one needs to learn to spell. A Korean can learn to read properly in a week. But it is also written with the brush pen & the india ink & is perfectly adapted to China. More than this the Koreans who made it 500 years ago made 13 trips to Manchuria to consult a [real] Chinese scholar who was there in banishment. He helped them make it & so we can say to the Chinese that one of their own men made it in part & this will make them thus more ready to accept it. An adaptation of this alphabet has been made & is to be presented to the Chinese authorities backed by a strong bunch of men in this country, and there is good reason to believe it will be seriously considered.

One of the difficulties is the "tones." Every word has four difficult tones in Chinese & the meaning differs with the tone - all other systems require dots to be put beside every syllable to show the tone. This system does not; but indicates the tone according to the Pitman system of shorthand by making certain strokes harder than others.

H.B. Hulbert.

May 14 [93/13]

Louisville ohio

My Dear Dr. Leeds

I left Korea permanently on Christ[mas] morning returning to America by way of India and the Suez. We spent four months on the way. I will try to write you soon and give you the details as to the reasons [&] of my return. I am settling here in Louisville for the time being and I write now to ask from the Church there a letter of dismissal and of recommendation to the Putnam Presbyterian Church of Louisville Ohio. Yours very sincerely

Homer B. Hulbert.

*115 Woodlawn Ave.

Feb 16

Springfield Mass

Harold Goddard Rugg

[secretary.]

Dear Mr Rugg:

In answer to your note I will say that you cannot secure in this country my History of Korea in two volumes. It was published privately in Seoul. I have a few sets left but they are in Seoul. I will write on and have a set of them sent to you. All the copies of my comparative grammar of Korean and Dravidian are also in Seoul but I want to send for some of those too, so I will do so. The History of Korea in Chinese is published in Shanghai by the Presbyterian Mission Press 18 Peking Road They could probably send you one. The price is trivial - less than $2 - in fact less than $1 I think. The Century Co handles the book "In Search of a Siberian Klondike".

I shall be pleased to have you secure a full set of my books. I have [attain] which will appear before [any] long & will keep you informed.

Yours very truly

H. B. Hulbert.

[7] 84

P.S. By far my most important work is The Korea Review which I edited from 1901-1906 inclusive and of which I have a few sets left. These are in Korea. The six years would cost you $20. but you would secure far more material about Korea from these than from all my other books combined.

H.B.H.

Saybrook Point town.

Librarian of Dart. Coll.

Dear Sir: -

I recently had a note from you asking about my publications especially my work on a comparative Grammar of Korean & The Dravidian Languages of India. I wish I could supply you with a copy. I wish I had one myself, but I have none. There are only a few to be found. The Congressional Library has one & a few of the university libraries. My two main works are The Passing of Korea and The History of Korea (2 vol) you doubtless have the former - of the History it is now difficult to see a copy. I loaned one recently to the [Chisap] University as they had none. I should be placed to have my books in the Dart. Library and if I get a chance I will try and secure for you any of them that you may not have. For six years I published a magazine The Korea Review 1901-1906 inclusive. I wish you might have a set of these too. If you will let me know what ones you have I will try to complete your list if possible. Yours truly

H. B. Hulbert.

Sept 25 1933

44 Fairfield St.
Springfield Mass

Have Mrs C. make list
The Baker Library.
Hanover NH

Dear Sirs:-

I have been informed that you would like to have a list of literary works that I have published. I have been away at the seashore where I was out of touch with the desired data and so have waited my return home before taking up the matter. I shall be glad to cooperate to the best of my ability - the only trouble being that I do not know the scope of what you want. So far as books are concerned it would be easy enough but I have published various and sundry articles for magazines, syndicated serials [& C. & B.] - a monograph on the Korean Archipelago for the Royal Geographical Society which, curiously, I do not know whether they published; a lot of little odds and ends would make something of a list but which I am not at all sure would be appropriate for such a list. If you could give me a hint as to whether such newspaper stuff should be included I should be glad. I published a magazine, The Korea Review, for six years and wrote most of the stuff myself, some of it serial stuff which, separated, would make a volume, such as The Status of [Woman/Women] in Korea. Should I particularize at all or just mention the magazines in a general way? Many of my things I have no copy of myself and can not be sure of the dates. Some of them are in the Congressional Library or the New York Public Library or the Yale Univ. Library where I could get at them without personal visit. What would you suggest?

Yours truly

H. B. Hulbert.

Keep

Sept 28

Springfield Mass

Dear Mr. Rugg: -

Thanks for your letter. After reading it I began hunting for a Vol 1 of the Korea Review. I know I had a lot of odd numbers of the magazine. Fortunately I found that I had a complete file of the 1901 issue. I am sending it to you by this mail and am very glad that you now have a complete set of the magazine.

In addition to the works of mine which you already have there are the following. The Sign of the Jumna - a short story in the [Country] Magazine July 1903 Korea from the Saddle serially in the Japan Mail 1887 -

A comparative Grammar of Korean and the Dravidian Languages of India. Methodist Publishing House Seoul Korea 1907?

Out of the Dark - short story in St Nicholas Magazine 19—?

Japan & Isothermal Empire - [Clash] Univ. publication - 19—?

Exhibit A - a five act play - 1929

// 16 //

The Korean Archipelago - written for the Royal Geog. Society of London England 1903 The Hulbert Series of Test Books - in the Korean Language 1905-1912

The History of Korea - in Korean 1907

The History of Korea ([modern]) in Chinese 1907

The doubtful dates above could [be secured] by reference to

the Congressional Library. There are also special articles that I published in The Forum, World's Work, Lippincott, Boston Transcript, [& C/etc] of which I have no copy & do not know title or []. I have written a great many things that I have forgotten all about.

By the way, you should include

Korean Survivals - Published in the Bulletin of the Korea Branch of the Royal Asiatic Society.

Korean National Examinations Published also in the above Bulletin or rather, it should be called The Transactions of the Korea Branch of the R.A.S.

Monograph on Korean Language published by Education Dept. Wash.

[] [] [] [] [] 1904

This is an awfully scrappy list but it is the best I can do now. Sincerely H.B. Hulbert.

June 7 87
Springfield Mass

Dear Mr. Rugg: -

Your good note came this AM. I would be glad if you had in the Baker Library a full set of the Transactions of the Korea Branch of the Royal Asiatic Society. I am the only remaining Honorary Member of that society. I have, unfortunately, kept all their issues for which I be[rate] myself severely. I am sending to Korea asking if I can secure the missing issues. The Society will probably have most of them. Each is complete in itself and so a hiatus in the set will not make so much difference. I am sending you the numbers that I have and will send later all that I can secure. One is about to appear [in/on] the U.S. Exposition to open Korea in 1871 It will run to 70000 words ore more. I secured the illustration for it from [the/their] [heirs] of [men] in the Exposition. It will be a unique & valuable historical document. I have not been able to find those two missing numbers of the Review but have included in my letters to Korea on inquiry which may result in securing them. If not, I think I have another way in which to overcome the difficulty.

I trust I am not being officious in sending these Transactions of the R.A.S. but I think they contain some interesting & valuable stuff about Korea.

Very cordially

H. B. Hulbert.

June 7

Springfield Mass

Harold Goddard Rugg [Eq.]

Dear Sir,

The answer to your note of the 5th [just] I will say that they Presbyterian Press of Shanghai printed the Chinese History of Korea & the plates are still in their possession. I understand that they had copies of the book for sale. It appears not, from this letter of theirs, that being the case I know of no other place to secure the book except to write to Rev H. G. Underwood D.D. of Seoul Korea and ask him if there are any copies of this work in stock in the salesroom of the Korean Religious [Tract] Society of which he is President. I will do this for you and will try to secure a copy of the work for you. I shall be glad to donate the copy to the Dartmouth Library if I can secure it.

Yours very sincerely
H. B. Hulbert.

July 1st 1949

44 Fairfield St. Springfield Mass

Dear Mr Rugg: -

On Monday night I am off for Korea at the invitation of President Rhee of the new Republic of Korea. The length of my visit is indeterminate, but at least till October, unless it is interrupted by unseen events. I will keep my eyes open for securing any manuscripts or other objects in which you might be interested. Anything that I may send you will be donated to the library and not to be paid for. If you have occasion to write me you should write c/o President Rhee, Presidential Office, Seoul, Korea.

Yours very sincerely

H. B. Hulbert.

책 편집을 마무리하면서

　헐버트는 미국 감리교 선교사였지만 번역자들이 이 책의 제목을 굳이 '한국학 편지'라고 한 이유는 다른 선교사들과는 달리 복음 전도나 교회 개척보다는 한국 관련 집필과 국권 수호에도 많이 힘썼으며, 특히 윌리엄 그리피스(W. E. Griffis, 1843~1928)에게 25년 동안 보내어 이 책의 많은 부분을 차지하는 편지들이 한국과 한국학에 관한 의견과 정보들을 주고받았기 때문이다. 1892년부터 1917년까지 편지를 주고받았으니, 편견을 가진 미국 학자에게 헐버트는 추방당한 뒤에도 한국의 모습을 그대로 알리려고 노력했던 것이다.

　일본에서 교수로 근무하며 일본 자료를 바탕으로 저술활동을 해왔던 그리피스는 한국에 대해 편견을 가지고 있었다. 한국에 와 보지도 않고 일본 자료만 가지고 『은둔의 나라 한국 *Corea, the Hermit Nation*』(1882년)을 써서 한국을 서양에 알린 유명한 동양학자가 되었지만, 덕분에 한국에 대한 편견을 널리 알린 셈이기도 하다.

　헐버트는 이 선배 학자의 잘못된 견해를 완곡하게 지적하였다. 헐버트가 그리피스에게 보낸 편지 가운데 다음 구절만 보더라도 그가 얼마나 애정을 가지고 한국의 과거와 현재와 미래를 정확하게 통찰하였는지 알 수 있다.

일본인들에 대해 면밀히 연구한 결과, 그들이 전쟁에서 아무리 강력하다고 할지라도 그들은 현재 한국에서 맡고 있는 일을 거의 전적으로 감당할 수가 없다는 결론을 제가 내리지 않을 수 없게 되었습니다. 문제는 그들이 진정한 문명의 질에 있어서 한국인들과 거의 차이가 없다는 점입니다. (82-83쪽)

문제는 일본은 외국에서 일반 교양교육을 받은 소수의 고위 정치가들의 장점에 의해서만 미국에서 평가를 받는다는 것입니다. (83-84쪽)

저는 한국 정부에서 좋은 직책을 즐기고 있었으며, 제가 현실에 안주하고 일본인들에 대해 좋게 이야기 했다면 저는 큰 횡재를 얻는 혜택을 입었을 것입니다. 제가 일본인들의 편을 들어주거나 또는 침묵하는 태도만 보였어도 저는 그들과 사이가 좋았을 것입니다. 제가 성과는 없었던 사명을 띠고 미국으로 떠나기 전날 일본 공사가 제게 와서는 제가 미국 방문을 포기하면 매우 유혹적인 전망을 제공하겠다고 하였습니다. 그는 저의 여행 목적을 예측했기 때문입니다. 물론 저는 그의 제안을 받아들일 수 없었습니다. 그 여행은 금전적인 측면만으로도 제게 엄청난 희생이 따랐습니다만, 이것은 제가 정의라고 믿는 대의명분을 따라 제가 할 수 있는 것을 했다는 차원에서 일생일대의 만족이 될 것입니다. (86-87쪽)

저는 일본이 강제적으로 한국을 한국인들에게 다시 넘겨주게 될 때가 올 것을 자신 있게 고대합니다. 일본은 결코 자발적으로 그렇게 하지 않고 강제적으로 하게 될 것입니다. (88쪽)

미국은 이미 1905년 7월에 가쓰라-태프트 밀약을 맺어 일본의 한국 지배권을 인정한 후였기 때문에 헐버트의 노력은 열매를 맺지 못했다. 고종이 특사를 통해 친서를 전달하려 한 것은 1882년에 조선과 미국 간에 체결한 조미수호통상조약을 근거로 한 정상적인 외교행위였지만, 미국의 루즈벨트 대통령은 노벨상 수상자답지 않게 힘의 논리에 충실하여 약소국과 체결한 국가간조약을 무책임하게 저버렸다. 조미수호통상조약을 정면으로 위반한 미국으로 인해 일제의 대한제국 강점은 가속화의 길을 걷게 되었다.

헐버트는 1907년 고종의 밀서를 받아, 비밀리에 네덜란드 헤이그 만국평화회의장에 특사 3명들을 파견하는 데 크게 일조하였다. 이로 인해 헐버트는 제4의 특사로 불리기도 한다. 그러나 이를 눈치 챈 일본의 방해로 헤이그 특사들은 회의장에 입장조차 못 했으며, 결국 실패로 끝나자 일본 제국은 이를 빌미로 눈엣가시 같은 존재였던 헐버트를 대한제국에서 사실상 추방하였다. 서울로 돌아오지 못하고 미국으로 간 헐버트는 미국에서 서재필, 이승만 등의 미주 독립운동가들을 적극 지원하였고, 미국 각지를 돌면서 일본제국의 침략행위를 비난하였으며, 한국의 분리독립을 호소하였다. 1949년 7월 대한민국 초대 대통령 이승만의 초청을 받아 한국에 돌아오기 직전 모교 다트머스대학에 보낸 마지막 편지를 이 책에 실을 수 있어서 다행이다.

2025년 1월
허경진

옮긴이 약력

이병화

1979년 건국대학교 야간대 영문과 졸업.
1982년 연세대학교 행정대학원 석사.
1980년 외교부 입부, 러시아 과장(1997), 유럽국 부국장(2003), 주러시아대사관 공사(2005), 주카자흐스탄 대사(2009), 주노르웨이 및 아이슬란드 대사(2013).

허경진

연세대학교 국문과 졸업. 목원대학교 국어교육과와 연세대학교 국문과 교수 재직. 저서로는 『허균평전』, 『한국 고전문학에 나타난 기독교의 편린들』, 『허난설헌 강의』 등이 있고, 역서로는 '한국의 한시' 총서 40여 권 외에 『삼국유사』, 『서유견문』 등이 있다.

내한선교사편지번역총서 17

헐버트 선교사의 한국학 편지 1863~1949

2025년 3월 14일 초판 1쇄 펴냄

지은이 호머 헐버트
옮긴이 이병화·허경진
펴낸이 김흥국
펴낸곳 보고사

책임편집 이순민
표지디자인 김규범

등록 1990년 12월 13일 제6-0429호
주소 경기도 파주시 회동길 337-15
전화 031-955-9797(대표)
팩스 02-922-6990
메일 bogosabooks@naver.com
http://www.bogosabooks.co.kr

ISBN 979-11-6587-798-9
      979-11-6587-265-6 94910 (세트)
ⓒ이병화·허경진, 2025

정가 17,000원

〈이 번역서는 2020년 대한민국 교육부와 한국연구재단의 지원을 받아 수행된 연구임
(NRF-2020S1A5C2A02092965)〉